Bernhard Becker

Wie Arbeiterwohnungen gut und gesund einzurichten und zu erhalten seien

Bernhard Becker

Wie Arbeiterwohnungen gut und gesund einzurichten und zu erhalten seien

ISBN/EAN: 9783743453159

Hergestellt in Europa, USA, Kanada, Australien, Japan

Cover: Foto ©Andreas Hilbeck / pixelio.de

Manufactured and distributed by brebook publishing software (www.brebook.com)

Bernhard Becker

Wie Arbeiterwohnungen gut und gesund einzurichten und zu erhalten seien

Wie Arbeiterwohnungen

gut und gesund

einzurichten und zu erhalten seien.

Preisschrift

von

Dr. Bernhard Becker,

Pfarrer in Linththal,

gekrönt und herausgegeben

von der

Gesellschaft des Guten und Gemeinnützigen

in Basel.

Basel,

Bahnmaier's Buchhandlung (C. Detloff).

1860.

I.

Es geht durch unsere Zeit ein mächtiges Streben, die Gesundheits- und Lebenszustände zu verbessern. Einzelne und die Gesellschaft und der Staat machen großartige Anstrengungen. Unter den Einzelnen sind es natürlich zumeist die Wohlhabenden und Reichen. Diese waren von jeher besser daran; aber es macht sich doch auch jetzt die Einsicht immer mehr unter ihnen geltend, daß gerade in Bezug auf die Wohnungen der Frage nach der Gesundheit nicht immer die ihr gebührende Stellung gegeben worden sei. Unter der ärmern Bevölkerung machen sich ebenfalls Anstrengungen in dieser Richtung bemerkbar. Es werden allerhand, das Leben und die Gesundheit mittelbar und unmittelbar fördernde Anstalten benützt. Die Bessern unter ihnen suchen sich eine eigene Wohnung zu verschaffen und dieselbe so angenehm als möglich zu gestalten. Indessen steht es mit dieser Classe der Bevölkerung am schlimmsten, namentlich in Bezug auf die Wohnungen in den Städten. Auf dem Lande weiß man noch eher unterzukommen, und wenn verhältnißmäßig oft in einem Hause ebenso viel Leute zusammen gepfropft sind als in den Städten, so stehen doch die Häuser weiter aus einander und ist die Luft- und andere Verderbniß nicht so groß. Die Zunahme der Wohnungen hat fast nirgends mit der Zunahme der Bevölkerung Schritt gehalten, am allerwenigsten in industriellen und Handels-Städten, dahin sich arbeitende Bevölkerung massenweise gezogen hat. Es wird oft in solchen Städten sehr viel gebaut, daß man meint, alles müßte Platz finden. Aber es ist oft nur Schein. Es werden viel Arbeitslocale gebaut, Fabriken, Werkstätten, Häuser für die Reichen und Vornehmen, öffentliche Gebäude; aber Wohnungen für die arbeitenden und ärmern Leute nicht viel; ja umgekehrt, durch jene Bauten werden oft ganze Reihen Wohnungen für ärmere Leute niedergerissen,*) und diese immer mehr in die Enge und in die Winkel getrieben. Die ärmere Bevölkerung steht in dieser Beziehung am schlimmsten; es fehlen ihr manchmal die **Mittel**, weit öfter aber die **Einsicht** in das, was ihr eigener Vortheil und ihnen zu erreichen möglich ist, und damit auch der **Wille**; denn dieser hat an der richtigen Erkenntniß das kräftigste Reizmittel. So macht sich denn das gesellschaftliche Leben hauptsächlich an sie. Es werden die **Mittel** herbeigeschafft. Allerhand Leben und Gesundheit fördernde Anstalten werden errichtet, die verschiedenen Kassen, Wasch- und Badeanstalten; es werden Wohnungen gebaut, alte schon bestehende, aber ungesunde und schlechte nach den Erfordernissen der Gesundheit und Bequemlichkeit hergerichtet. Aber auch die **Einsicht** wird gefördert, mündlich und schriftlich wird Belehrung verbreitet. Auch der Staat schließt sich dieser Richtung kräftig an. In den Schulen werden die Leibesübungen zu Ehren gezogen; die Beschäftigung der industriellen Bevölkerung wird darauf angesehen, ob sie der Gesundheit positiv schädlich sei; es werden gewisse Einschränkungen eingeführt, vorsorgende und schützende Maßregeln getroffen, namentlich gegenüber der Jugend und dem weiblichen Geschlechte; Nahrungsmittel und Getränke werden immer mehr einer polizeilichen Controlle unterworfen; Gefängnisse, Kasernen, Krankenhäuser, Schulen nach den Gesetzen der Gesundheitslehre eingerichtet und umgeändert. Ja in mehrern Staaten macht man sich sogar an die Privathäuser. In den Städten werden Straßen erweitert, schlechte Quartiere wie faule Nester ausgehoben, Licht und Luft der Zugang geöffnet, Wasser hinein geleitet, die Unreinlichkeiten weggeführt.

Woher rühren alle diese Bestrebungen, Leben und Gesundheit zu verlängern und zu verbessern?

Hat man erst jetzt angefangen, Leben und Gesundheit zu lieben? Nein, diese Liebe war schon vorhanden, wenn man auch erst jetzt angefangen hat, es etwas allgemein und getrost zu

---

*) Antrag für Errichtung von Arbeiterwohnungen in Basel. 1853.

sagen. Es galt nämlich nicht für besonders fromm, an solchen irdischen Dingen zu hangen; namentlich durfte man nicht langes Leben begehren. Das Gebet des Alten Testamentes: „Nimm mich nicht weg in der Hälfte meiner Tage!" glaubte man beschönigen zu müssen. Man könne nicht sagen, was die Hälfte unsers Lebens sei; siebenzig und achtzig Jahre seien nur die äußersten Landzungen, auf denen der menschliche Fuß bis an's Meer der Ewigkeit vorschreiten könne. Die Hälfte könne man erst angeben, wenn das Ganze vorliege, also beim Tode ꝛc. Nein! Die Hälfte kann man vorher angeben. Die Hälfte unserer Tage sind 35 oder 40 Jahre, und wenn der Psalmsänger Gott bittet: er möge ihn nicht in der Hälfte seiner Tage wegnehmen, so meint er damit nicht, er möge ihn nicht mit einem halben Glauben, mit einer halben Liebe sterben lassen, sondern nicht in seinem besten Mannesalter, nicht mit 40 Jahren. Denn so ein Psalmsänger lebte schon seine 80 Jahre, oder hatte es sich wenigstens so vorgenommen. Wir stecken eben noch sehr in jener süßlichen, kranken, romantischen Weise: „Hinunter in der Erde Schooß zu Jesus, dem Geliebten!" statt daß wir vielmehr sprechen sollten: Hinauf in Wetter und Winde! Hinauf in Licht und Sonne! und dann: „Und kommt mein Tod, Herr Zebaoth, so laß mich Gnade finden!"

Die gebildeten und vornehmern Classen, die Reichen und Wohlhabenden legen rüstig Hand an zur Hebung der arbeitenden und ärmern Classen; je die besten Männer stellen sich an die Spitze solcher Unternehmungen. Ist erst jetzt das Christenthum unter ihnen aufgewacht? Nein. Wenn wir auch der freudigen Gewißheit sind, daß gerade jetzt ein frischer Zug des Christenthums durch die Welt geht: das Christenthum war schon von jeher das erwärmende und belebende Feuer. Man ist zur Einsicht gekommen, daß das Wohl des Bruders, das Wohl des gemeinsamen Wesens auch zugleich mein Wohl sei, und daß vieles, das unter dem schönen Namen der Opfer dahin geht, mein eigener, bestverstandener Vortheil ist. Es sind durch die neuere Zeit, namentlich durch die Fabrikindustrie eine ganze Masse neuer Verhältnisse und Pflichten entstanden. Man hat anderwärts, nicht in der Schweiz, in der freien glücklichen

Schweiz, da man öffentliches Leben hat, da man gemeinsam aus den gemeinsamen Anliegen und Nöthen redet, dumpfe Schläge vernommen wie von unterirdischem Erdbeben, und es ist viele Reiche und Vornehme ein Zittern angekommen, das durch die Schläge des Gewissens noch vermehrt wurde. „Ihr habt euch Schätze gesammelt an den letzten Tagen. Ihr habt wohlgelebet auf Erden, und euere Wollust gehabt, und euere Herzen geweidet als auf einen Schlachttag. Euer Reichthum ist verfaulet, euere Kleider sind mottenfräßig geworden. Euer Gold und Silber ist verrostet; und ihr Rost wird euch zum Zeugniß sein, und wird euer Fleisch fressen wie ein Feuer." Oder wie es an einem weltlichen Orte, aber nicht besser, heißt: „Eingeschläfert von den Genüssen einer überfeinerten Cultur, und betrogen von dem Wahne eines sichern Besitzes der Güter dieser Welt, vernachläßigte man vielfach die höhern und schwerern Aufgaben der sittlichen Selbstbeherrschung und der aufopfernden Hingebung für die Hebung und Veredlung der untern Classen."*) Und sie sind aufgestanden, und haben sich umgürtet und gedienet denen, die zu Tische lagen.

Der Staat greift energisch ein. Hat er erst jetzt angefangen, für das Wohl seiner Glieder zu sorgen? Nein; das hat er schon früher gethan; ja man hat sich an manchen Orten beschwert, daß er nur zu väterlich für alles sorge. Die Cholera klopfte an unsere europäischen Städte an. Hat diese Noth, die durch verheerende Seuchen entsteht, uns zu solchen Bestrebungen geführt? Ja, seit diesem Anklopfen sind diese Verbesserungen rasch an die Hand genommen worden. Aber die tiefste Wurzel liegt auch in dieser Noth noch nicht. Diese Noth war in frühern Zeiten ganz anders vorhanden. Die Pesten „schwarzer Tod", „englischer Schweiß", „Antoniusfeuer" wütheten so, daß unsere Cholera nur eine Kleinigkeit dagegen ist. Von ganzen Bevölkerungen wurde oft die Hälfte hinweggerafft. England allein verlor im 14ten Jahrhundert in wenigen Monaten 5 bis 6 Millionen Menschen. Die tiefste Wurzel, warum man sich jetzt, der Einzelne und die Gesellschaft und der

---

*) Bethmann-Hollweg in den protestantischen Monatsblättern.

Staat so sehr auf Verbesserung der Gesundheits- und
Lebenszustände wirkt, liegt in der fortgeschrittenen
Bildung, voraus in den Naturwissenschaften. Die
Krankheiten rühren jetzt nicht mehr her von bösen Geistern, die
unter dem Himmel umherirren, oder von den Juden, welche die
Brunnen vergiften, oder von den bösen Stunden, in denen wir
geboren werden; sondern von schlechter Nahrung, schlechter Kleidung, schlechter Wohnung, von Gram, Sorgen, Leidenschaften,
Ausschweifungen. Die tiefste Wurzel liegt in der neuern Bildung, nach welcher der Mensch etwas in seiner Hand hat.
„Der Mensch hat vor sich Leben und Tod; welches er will,
das wird ihm gegeben werden." Dieses alte Wort des Sirach
fängt man an, wieder hervorzuziehen. Von dem faulen orientalen Wesen, das nicht im alten Hebraismus und nicht im
Evangelium liegt, aber mit dem Evangelium durch weit geöff-
nete Thore in europäisches und, sei es zu doppelter Schande
gesagt, in germanisches Wesen einzog, und uns lange in diesem
Zwiespalt erhielt, daß uns etwas vorgeredet war, gegen das
sich doch unsere innerste Natur immer und immer wieder empörte,
von diesem faulen orientalen Wesen kommen wir zurück. Wir
fangen an, mit Gott zu ringen. Der alte Patriarch hätte uns
das längst lehren können, wenn wir gewollt hätten. Er hat
mit Gott gerungen, und wenn er auch mit einer verrenkten Hüfte
aus diesem Kampf gegangen ist, Gott hat ihn doch gesegnet.
Und Gott würde uns segnen, wenn wir mit ihm rängen. Jesus
Christus hat das große Wort gesprochen, daß noch kein größeres
gesprochen wurde: man müsse dem Himmelreich Gewalt
anthun, und die ihm Gewalt anthun, die reißen es an
sich. Wir haben bis jetzt nicht einmal gewagt, dem Erdreich
Gewalt anzuthun. Wahrlich, wir würden es auch an uns
reißen; seine Sonne, seine Luft, sein Korn und sein Brot
müßten uns segnen, Kraft und Gesundheit, siebenzig und achtzig
Jahre geben.

Wir fangen an von dem faulen orientalen Wesen zurück-
zukommen. Das liederliche: „es geht allen wohl, die sterben
können!" als gäbe es nichts Besseres, als wenn es nur wacker
läutete und die ganze Welt ein großes Todtenfeld würde, wird

nach und nach verpönt. Das liederliche sich hinwegsehnen und andere hinwegeilen heißen, während man, wenn es zum Sterben kommt, oft winselt, wie kein Heide gethan hat, dieses wider Gott sich erheben — denn man sagt ihm in's Angesicht, daß er etwas sehr Unweises gethan, die Menschen in dieses Leben zu setzen und nicht sofort in ein anderes, — dieses lügnerische, anscheinend fromme, aber im Grunde gottlose Reden — denn Gott will, daß wir leben — ist verpönt.

Der Mensch hat etwas in seiner Hand. In den ärmsten Quartieren in London, wo sie Armuth und Mangel und liederliches Leben haben, ist das durchschnittliche Lebensalter 16 und 17 Jahre; hart daneben in den reichen und wohlhabenden, wo sie Luft, Brot, Kleidung und Wohnung haben, 33 Jahre. In den armen sterben von 100 Kindern unter 10 Jahren 60—70, in den reichen 20—30. Sollte da Gott zum voraus so viel tausend Arme zu frühem Tode verdammt haben? Sollten die unschuldigen Kinder dieser verkommenen Eltern zu Tausenden wie Mücken hinwegsterben, während die reichen Eltern ihre Kinder behalten können, daß sie ihnen wachsen und zunehmen und unendliche Freude verursachen? In Rußland sterben die Hälfte der Kinder unter 5 Jahren, nach einstimmigem Urtheil der russischen Aerzte und Gelehrten aus Mangel an Pflege und Aufsicht. Wahrlich, die Schande sollte man Gott nicht länger anthun wollen, daß Er die Hälfte der Kinder in Rußland unter 5 Jahren sterben lasse, während diese rohen russischen Eltern, russische Flegel ihre Kinder ohne Aufsicht und Pflege dahinsiechen lassen! Wenn liederliche Eltern, Schnapstrinker, elende Weiber, die lieber Dörfer regieren als ihrem Hauswesen vorstehen, ihre Kinder verlieren, so sagen sie zum Pfarrer: das Kind habe die Gichter bekommen; aber es werde ihm wohl die Stunde so gesetzt gewesen sein. Ja, ja, die Stunde euerer Bosheit war ihm gesetzt! Ja, ja, die Kinder bekommen die Gichter, wenn ihr elenden, rohen Männer euere schwangern Weiber in beständiger Furcht erhaltet, daß das Kind schon im Mutterleibe krampfhaft zappelt oder scheu sich verbirgt; wenn ihr armen Mütter Gram und Streit zu euerm täglichen Brot wollt oder müßt. Aber ich fürchte, Gott wird dieses Gichter-

regifter einft an's Licht ziehen und für manchen eine böfe Rechnung herausbringen.

Der Menfch hat etwas in feiner Hand. Freue dich, braver
Arbeiter! Du kannft durch Treue und Fleiß, bei dem du Gott
um täglichen Segen anrufft, etwas zu Stande bringen. Freue
dich, gutes Weib! Wenn du Hoffnungen unter deinem Herzen
trägft, und haft Liebe und Friede in diefem Herzen: Gott wird
dich erfreuen mit einem fröhlichen Anblick. Freue dich, Mutter!
Wenn du dein Kind mit Liebe äßeft und tränkft: Gott wird
es ihm fegnen, daß es groß wird und ftark; und nimmt er es
dir gleichwohl weg, fo legt er dir feine Hand auf dein Herz,
und tröftet dich wieder. Der Menfch hat etwas in feiner Hand.
Erfchrick, Schlechter! Gott wird das Leben deiner Kinder von
deiner Hand fordern!

Der Menfch hat etwas in feiner Hand. Diefe Erkenntniß,
oder wo es nur ein Gefühl ift, diefes unbewußte Gefühl ift
die treibende Kraft in allen diefen neuern Beftrebungen, Gefundheit und Leben zu verbeffern und zu verlängern.

II.

Bei diefen Beftrebungen, Leben und Gefundheit zu fördern,
treffen wir nun das zweite Neue, daß man fich gegenüber frühern Zeiten, da man nur durch Worte, geiftig auf den Men-
fchen wirken wollte, in auffallender Weife auf leibliche, äußere
und finnliche Dinge legt. Nahrung, Kleidung, Wohnung,
Befchäftigungsweife fpielen jetzt eine Hauptrolle. Fromme Men-
fchen, die an ganz andere Anfchauungen gewöhnt waren, reden
heutzutage wie Weltkinder von Nahrung, Kleidung, Wohnung,
Wafferleitungen, Cloaken und dergleichen fchönen und unfchönen
Dingen. Die Nahrungsmittel, die man früher nur darauf an-
fah, ob fie dem Gaumen wohl zufagen und viel oder wenig
koften und der Hausfrau wacker zu thun geben wie das Kraut,
das zuletzt doch immer nur Kraut ift, oder ob man fie wie die
Erdäpfel ohne große Vorbereitung nach einer halben Stunde
Siedens gleich effen könne, prüft man jetzt darauf, ob fie viel
oder wenig Nahrungsftoff enthalten, und diejenigen, welche diefe

Probe nicht gut bestehen und dabei doch eines guten Leumundes genießen, wie z. B. die Kartoffeln, werden heruntergemacht. Dr. Bock in Leipzig wird nicht müde in der Gartenlaube „Nieder mit der Kartoffel!" zu rufen, und dagegen die köstlichen Halmfrüchte zu empfehlen und Milch. Die Kochkunst, die früher nur ein Luxusartikel war, wird rationell betrieben. Ein gutes Kochbuch darf nicht mehr geschrieben sein, ohne Liebig u. Moleschott gründlich zu kennen. In der Bekleidung ist so viel noch nicht geschehen. Doch sind schon Anfänge zum Bessern da. Die weichen breitkrempigen grauen Filzhüte, die vor Regen und Sonnenschein schützen, sind gesunder als der schmalrandige steife und schwarze Röhrenhut. Der weiche, grobtuchige Ueberrock, der nicht nach allen Winkelchen und Eckchen des oft nicht besonders schön geformten Körpers geschnitten ist und um jedes Gelenk ein besonderes Bändchen und Schnürchen hat, sondern sich weit und frei um den Leib wirft, ist ein vernünftigeres Kleid als z. B. der Frackrock. Den verrufenen Reifröcken wird von ernster Seite aus der Krieg gemacht. Aerzte erklären, daß nichts Geringeres als schwere und Fehlgeburten vielfach der Lohn dieser unsinnigen Hoffahrt seien. In Bezug der Wohnungen als eines wichtigsten Theils geschieht viel durch Besprechung und Anhandnahme des Gegenstandes.

Woher kommt es, daß man sich jetzt so auffallend auf diese äußern Dinge wirft? Das kommt wieder her von der neuern Bildung, zumeist von den Naturwissenschaften. Man faßt den Menschen nicht mehr, wie man das früher vielfach gethan hat, als ein der Erde fremdes, entgegengesetztes, mit ihr nicht verbundenes Geschöpf, das ein ganz eigenes, für sich bestehendes, von der Erde unabhängiges Leben leben könnte und zu leben hätte, wie es etwa syrische Säulenheilige versucht haben; nicht als einen Geist, der aus einer fremden Welt auf diese Erde geworfen, von der Fessel eines Leibes beschwert, möglichst bald aus diesem Jammerthal wegzukommen wünscht, sondern als ein Theilchen dieser Erde, als ein Stückchen Erde — ganz wie es in der heil. Schrift Alten Testamentes steht, in der wir überhaupt die prächtigsten Sachen hätten, wenn wir wollten — in welchem aus einem Saamen, den Gott bei der Schöpfung in dasselbe gelegt hat, durch Milch und Brot, Licht und Sonne, durch das Leben und die Berührung und Verbindung mit der geistigen Welt Geist wird, freier, persönlicher, die Welt, sich selbst und Gott denkender Geist; Geist, den dann Gott im Herbst wie reife harte Saamenkörner sammelt und wieder verwendet, während er die tauben und leeren zwischen den Fingern zerreibt. Dieses Theilchen Erde, dieses schöne geistige Theilchen Erde von der großen Erde, dieses schöne irdische Theilchen Geist von dem großen Geiste ist natürlich abhängig von der ganzen Welt, von der Erde und dem Geiste. Seinem Leiblichen nach gedeiht es von Milch und Brot, Wasser und Luft, Sonne und Licht, aber auch von geistigen Dingen. Eine klare, schöne Weltanschauung, Ruhe im Herzen, Friede im Hause, ein gewecktes geistiges Streben, Freude an einem schönen freien Vaterlande, das fördert das leibliche Leben; ist zum mindesten die halbe Nahrung; ist so viel, daß wenn Gram und Aerger, Unruhe, Angst, böses Gewissen da sind, die beste leibliche Nahrung, die schönsten Zimmer und Gemächer nicht dagegen aufkommen mögen; man stirbt beim vollen Tische, in den prächtigsten Gemächern. Seinem Geistigen nach gedeiht es, obiges Wesen, obiges Theilchen geistige Erde, obiges Theilchen irdischer Geist durch Unterricht, Erziehung, Bildung, überhaupt durch unmittelbare geistige Pflege, durch die Berührung und Verbindung mit der geistigen Welt; aber auch durch leibliche Dinge. Ohne Brot, ohne Licht, ohne Luft, ohne Sonne, ohne freundliche Umgebung vertrocknet und versandet, erstirbt auch unser geistiges Leben. Unter den Dingen, die einen großen Einfluß auf den Menschen ausüben, steht nun mit in erster Linie unsere Wohnung.

III.

Unsere Wohnung übt einen großen Einfluß auf unser Leben aus. Unsere Wohnung muß einen großen Einfluß auf uns ausüben. Sie ist einmal ein äußerer Gegenstand, mit dem wir gar viel verkehren, ja so viel wie mit keinem andern. Wir sind entweder drin oder spalten vor derselben Holz, oder ziehen im Garten ein Kraut aus, oder sehen sie, wer spazieren kann, mit übereinander geschlagenen Armen von ferne. Ob nun dieser Gegenstand, mit dem wir so viel verkehren, schön oder häßlich sei, das übt einen veredelnden oder abstumpfenden Einfluß auf uns aus; wird uns an's Haus ziehen oder demselben entfremden. In der Wohnung machen sich sodann Reinlichkeit oder Unreinlichkeit, Ordnung oder Unordnung geltend; das wird so oder so auf uns wirken. Die Wohnung schließt ein Stück der atmosphärischen Luft, in der und von der wir leben, ein. Ob dieses Stück Luft gesund sei, d. h. nach seiner Zusammensetzung so beschaffen wie die Luft draußen; trocken, wenn die Luft draußen zufällig feucht ist; feucht, wenn die Luft draußen zu trocken; die gehörige Wärme habe, wenn die Luft draußen zu kalt; die gehörige Kühle, wenn die Luft draußen zu heiß ist, das wird auf unsere Gesundheit Einfluß haben, um so größern Einfluß, je länger wir in unserer Wohnung verweilen; und einen großen Theil des Lebens, Alle wenigstens den dritten Theil bringen wir in unsern Wohnungen zu. Die Wohnung schließt uns von dem Licht ab, das wir zu unserm Leben so nöthig haben. Ob durch hinreichende und helle Fenster uns genug Licht zugeführt werde; andere Wohnungen, Bäume, Berge uns das Licht nicht entziehen, wird großen Einfluß auf unser Befinden haben. Die Wohnung soll uns schützen vor Nässe und Feuchtigkeit. Ein Dach haben wir meistens; aber ob auch die Feuchtigkeit des Bodens fern gehalten werde, oder ob wir beständig kalte Füße haben, daß uns ist, wir ständen im Wasser, ist von großer Bedeutung für unsere Gesundheit.

Es ist nun allerdings richtig: diese Dinge, eine schöne oder häßliche Wohnung, Reinlichkeit oder Unreinlichkeit, eine athembare Luft, Wärme, Licht, Trockenheit sind zum größten Theil mein Werk. Alles ist nicht mein Werk. Eine schöne Wohnung kann ich nur bis zu einem bestimmten Punkte erzwingen, so weit mein kleines Geldchen reicht und so weit man durch Reinlichkeit, Ordnung und Einfachheit auch ein geringes Häuschen schön machen kann. Aber weiter bringe ich es dann nicht. Säulen und Kapitäler drauf kann ich nicht um mein

Haus herum stellen, wenn ich kein Geld habe. Dagegen entschiedene Häßlichkeit, die ist schon eher mein Werk. Wo ich durch Ordnung, Reinlichkeit, und etwas Schönheitssinn nichts mehr zuwege bringe, wo die Wohnung so entsetzlich ist, wie in Matt im Kanton Glarus lange Jahre eine war, daß das Dach eingesunken, die großen Mauern geborsten und einzelne Dachhölzer wie von einem Galgen in die Luft hinausragten, da laufe ich lieber davon und lasse solche Wohnung den Hexen und Gespenstern, für die man immer auch noch Quartier behalten muß, und bezahle ordentlichen Leuten einen kleinen Miethzins, als daß ich mich mein Lebenlang mit einem solchen Anblick quälte.

Die reine Luft ist auch nicht ganz mein Werk. Ich kann wohl die Fenster öffnen und die Thüren, sogar eine künstliche Ventilation herrichten. Ich kann auf Gängen, Abtritten, in der Küche alles fern halten, was eine schädliche Ausdünstung veranlaßt. Aber wenn mir der Nachbar einen Stock Mist dicht unter das Fenster stellt, den Abtritt überlaufen läßt oder gar keinen Abtritt hat; wenn Gerbereien, Fabriken chemischer Produkte in meiner Nähe sind; wenn das Dorf, die Stadt nichts für die öffentliche Reinlichkeit thut, alles ungescheut walten und schalten läßt: so kann ich hundertmal meine Fenster öffnen, wenn die Luft draußen nicht rein ist, bekomme ich auch keine reine in mein Haus. Aehnlich ist es mit dem guten Brunnenwasser. Da wird es mir auch schwer halten, allein und auf eigene Rechnung gutes Brunnenwasser zu erhalten. Das kann ich nur in Verbindung mit mehrern; das kann meistens nur das Gemeinwesen in's Werk setzen. Mit dem Lichte ist es etwas von dem obigen verschieden. Fenster kann ich genugsam anbringen, sofern es mir nicht etwa verleidet wird wie in England, auf das ich auch einmal schimpfen will, wenn sie die Fenstertaxe, die ich hier meine, nicht abgeschafft haben. Ich kann auch die Fenster ordentlich waschen; kann Bäume und Zugebäude, die mir gehören, entfernen, die zu breiten Vordächer herunter sägen. Aber über alles bin ich nicht Meister. Es kann vieles dem Nachbar gehören, das ich nicht wegthun kann; oder z. B. in Städten soll es einer probieren, wenn er in einer engen

Häuserreihe mit seiner Wohnung eingeklemmt ist wie ein Nagel in der Wand, auf seine Rechnung Licht und Sonne herbeizuführen. Es giebt auch z. B. im Glarnerland ganze Dörfer, da sie im Winter wochenlang keine Sonne sehen, auch wenn sie die Dächer abdeckten, nicht blos die Vordächer heruntersägten. Freilich kommt dann auch wieder an solchen Orten das vor, daß die Sonne durch ein Felsenloch in mächtiger Bergwand hindurch schaut und das ganze Dorf lachend begrüßt.

Reinlichkeit und Ordnung dagegen sind ganz mein Werk. Reinlich und geordnet kann ich es überall haben, auch wenn ich ganz arm bin. Die Reinlichkeit und Ordnung, wenn es auch etwas zu putzen und zu fegen giebt, Seife und Lumpen und etwas Arbeit erfordert, ist doch wohlfeiler als Schmutz und Unordnung; es bringt mir's doppelt wieder ein. Ich bin gesunder und froher, wo es sauber und reinlich ist. Ordnung erspart viel Zeit. Ich stolpere nicht über Stühle weg, wenn jeder Stuhl an seinem Platz steht; komme also schneller, wenn ich nicht fallen und aufstehen oder Umwege machen muß, an meinen Ort. Ich muß mich nicht eine Viertelstunde besinnen und eine halbe Stunde suchen, wo ein Ding sei, wenn jedes seinen gewohnten und stätigen Ort hat, nicht heute da und morgen dort. Abgesehen davon, daß durch Unordnung und Unreinlichkeit manche Sache geradezu zu Grunde geht.

Wenn nun also Reinlichkeit und Ordnung und umgekehrt Unsauberkeit und Unordnung ganz mein Werk sind, Licht und gesunde Luft, oder Finsterniß und Gestank, Trockenheit oder Feuchtigkeit, Wärme oder Kälte, Schönheit oder Häßlichkeit wenigstens zum großen Theil mein Werk sind; wenn ich das Haus schön und gesund oder häßlich und ungesund mache, wie es ja durch das Leben hundertfach erwiesen ist, daß ein reinlicher, ordentlicher Mensch auch eine unliebliche Wohnung bald zu einem freundlichen Aufenthalt umgestaltet hat und ein wüster Mensch eine schöne Wohnung bald in einen Schweinstall verwandelt: wie kann ich denn sagen, die Wohnung übe auf mich einen Einfluß aus? wie kann ich überhaupt von Einfluß der Wohnung auf den Menschen reden? Sollte ich nicht eher umgekehrt sagen: der Mensch übt einen Einfluß auf die

Wohnung? er macht aus einem Hüttchen ein Ding von Pallästchen oder aus einem Pallast einen Schweinstall? Wie man denn überall in der Welt, auch im Großen, sieht, daß nach den Leuten, je nach ihrer Bildung, sogar nach ihrer Religion und staatlichen Verfassung ihre Wohnungen sind. Das ist folgendermaßen zu erklären: ein säuischer Mensch übt einen säuischen Einfluß auf seine Wohnung aus; er macht sie unrein. Nun aber gilt hier Zahn um Zahn; die Wohnung giebt dir's zurück, und macht dich noch säuischer als du schon warest. Wenn dein unreinliches Thun an der Wohnung nicht anschlüge; wenn sie sauber bliebe, obschon du sie mit Koth bewürfest; wenn die Stühle durch Hexenwerk gleich wieder an ihren Ort flögen, wo du sie genommen, obschon du keine Hand rührtest, sie wieder an ihren Ort zu stellen; wenn sie durch die gleichen Künste das Bein wieder bekämen, das du ihnen abgebrochen, so bliebest du allenfalls, der du bist, würdest nicht unreinlicher und unordentlicher, als du am ersten Tag warest. Aber das geht nicht so. Die Unordnung, der Schmutz, den du angestellt, bleiben und wirken nun auf dich zurück. Dieser Anblick stumpft dich ab; dieser Gestank, diese schlechte Luft verderbt, schwächt dich; du bist am zweiten Tag schon unordentlicher und unreinlicher; schon schwächer, dich zum Rechten zu ermannen. Es ist da die Progressivsteuer eingeführt. Ermahnt man dich, ein Lehrer, ein Vorgesetzter, ein Buch, unterdessen zur Ordnung und Reinlichkeit, so baut das etwas auf; es nützt etwas. Aber die Unordnung, die Unsauberkeit in der Wohnung stellt auch das Ihre dagegen, und so gleicht es sich im besten Falle aus, d. h. die Ermahnung nützt nichts. Ist keine solche Ermahnung vorhanden, so treibt die Wohnung ganz ungestört ihr Geschäft mit dir fort, und sie wird deiner bald Meister; denn die Progressivsteuer wächst schnell. Ferner: Es leben oft Leute in der unreinlichen Wohnung, die noch nichts an der Wohnung machen können, nichts an ihr verändern, weder verbessern noch verschlechtern, z. B. Kinder, oder sogenannte Hausleute, Miethleute, die sich nicht mucksen dürfen neben des Eigenthümers Familie, wenn auch alles drüber und drunter ginge. Sie müssen eben oft gar entsetzlich froh sein, daß man sie nur duldet. Die Wohnung aber übt einen Einfluß auf sie aus. Kinder werden schon durch Porträts an der Wand angesprochen, und wenn sie selber noch keinen umgefallenen Stuhl aufstellen können. Wir könnten nun das Ganze umkehren: ich habe Sinn für Ordnung, Reinlichkeit und eine schöne Wohnung. Ich mache die Wände meines Hauses weiß. Die schöne weiße Wand zahlt mir's zurück; sie verstärkt meinen Sinn für Reinlichkeit; sie macht mir eben durch ihr schönes reines Weiß Freude. Ich öffne das Fenster und lasse frische Luft und Sonnenschein herein. Die reine Luft und das schöne Sonnenlicht sind nicht undankbar; sie lassen sich in kein Haus aufnehmen, ohne daß sie Gaben zurücklassen. Die reine Luft stärkt mich, macht mich gesund; das schöne Sonnenlicht erfreut mich, giebt mir helle, lichte Gedanken. Ich öffne morgen wieder, öffne zwei Fenster. Kurz, es geht auch Hand in Hand vorwärts. „Wer da hat, dem wird gegeben, auf daß er die Fülle habe; wer da nicht hat, dem wird auch genommen, was er hat." Wo kein Sinn für Ordnung ist, da muß von außen her, von der Wohnung her ein Anstoß gegeben werden; wer nichts hat, dem muß ein erster Anfang, ein kleiner Einsatz von außen, von andern her gegeben werden. Die Verhältnisse, in die ich hineingestellt bin, in denen ich geboren wurde, sind oft so übermächtig, daß mein Wille und meine Kraft dran erlahmen. Wenn ich in einem Sumpf nur mit einem Bein stehe, etwa am Rand desselben oder mit beiden Beinen nicht tiefer als bis etwas über die Knie herauf, da kann ich mich noch heraus arbeiten; aber wenn ich mitten im Sumpf bin und bis unter die Arme hinauf, da kann ich mich an den eignen Haaren und mit dem bloßen Willen nicht herausreißen. Es muß mir eine Stange, ein Seil, ein Brett oder so etwas geboten werden. Ich habe Kinder. Sie können noch kein Fenster öffnen; aber die reine Luft stärkt sie, und wenn sie dann in ihr groß geworden sind, öffnen sie die Fenster selber. Hausleute, die ich bei mir habe, und von denen wir gesehen haben, daß sie nicht zu viel machen dürfen, genießen diese Wohlthaten von der gesunden Wohnung her auch, und wenn sie über's Jahr ein eigenes Haus haben, machen sie's gerade auch so. Also wir bleiben dabei: wenn auch der Mensch, wenigstens der Erwachsene und besonders der Eigenthümer die Wohnung so oder anders gestaltet, so übt doch die Wohnung auch einen Einfluß auf den Menschen aus; eine Hand wäscht da die andere. Welches das erste und welches das zweite sei, ist eine dumme Frage. Das eine Mal werfe ich zuerst den Koth an die Wand; das andere Mal beschmutzt der Koth an der Wand mich zuerst. Und wem das nicht genügte, dem sage, daß nicht jede Frage beantwortet werden müsse, z. B. ob die Henne das erste sei oder das Ei.

Daß die Wohnung einen Einfluß auf den Menschen ausübe, das haben wir, wie die Gelehrten sagen, a priori, zum vornherein, als Lehrsatz bewiesen. Nun aber kommt a posteriori, hintendrein, auch noch die Erfahrung, und bestätigt das alles auf's genaueste.

Es ist Thatsache, daß in je den schlechtesten Wohnungen, in je den schlechtesten Quartieren der Städte durchschnittlich die größte Sterblichkeit herrscht, am meisten Krankheiten vorkommen; namentlich haben da Seuchen einen rechten Herd, in dem ihnen wohl ist, in dem sie lecken wie Flammen auf einem fetten mit Oel getränkten Boden. Die größte Armuth und Entsittlichung ist an solchen Orten zu treffen. In London sterben in den schlechtesten Quartieren 26 Menschen auf Tausend, in den besten 13. Von den 18000, welche 1849 an der Cholera in London starben, traf es auf 1000 26 aus den höchsten Classen, 157 aus dem Kaufmannsstande und aus der Arbeiterbevölkerung 817. Es ist nun allerdings richtig, daß in diese ungesundesten und schlechtesten Quartiere von vornherein schon die Aermsten und in der Regel Unsittlichsten sich begeben. Wer nirgends mehr unterzukommen weiß, der findet da noch eine wohlfeile Zufluchtsstätte. Also Anwartschaft auf ein kurzes Leben und leichtes Erkranken haben diese Leute schon zum Voraus. Aber die Wohnung thut das Ihrige auch noch redlich dazu. Wo die Leute selber sich hinwürgen, würgt die Wohnung auch noch hin. „Die Todten reiten schnell." Wenn die nämlichen Leute in bessere Wohnungen gebracht würden, also von Seite der Wohnung einen Anstoß zum Bessern erhielten, würde es auch besser mit ihnen. Es müßte ihnen weder Geld gegeben werden, daß sie würden was die Gentry in St. James und Westminster, noch müßten sie besonders in's Examen genommen werden, was wir beides nicht für überflüssig hielten; aber schon die Wohnung allein wäre ein bedeutender Schritt zum Bessern. Die Arbeiterwohnungen, die in neuerer Zeit an vielen Orten aufgekommen sind, sind ein glänzender Beweis dafür. Doch bevor wir von diesen etwas mehr sagen, wollen wir noch ein paar Stimmen vernehmen aus der Broschüre des Engländers Henry Roberts: Ueber die Gesundheitsverhältnisse der arbeitenden Classen. Paris 1855. „Ein hervorragender Menschenfreund, der von der französischen Regierung beauftragt wurde, über die Ursachen der Unzufriedenheit und der Zunahme von Verbrechen und Elend unter der armen Bevölkerung von Paris Nachforschungen anzustellen, faßt seine Ansicht dahin zusammen: Es ist nicht möglich, das Unrecht zu übertreiben, das der Gesellschaft durch die elenden Wohnungen der arbeitenden Classen angethan wird. Hier ist der Ursprung der Auflösung aller Familienbande und aller Unordnungen, die in deren Gefolge sind. Der Hausvater flieht einen unbewohnbaren Ort und sucht im Wirthshause eine Zufluchtsstätte gegen den Schauer, den ihm seine Wohnung einflößt. Nachdem ich mit einer ängstlichen Sorgfalt das häusliche Leben einer großen Zahl von Arbeitern erforscht habe, bezeuge ich, daß der ungesunde und elende Zustand ihrer Wohnungen die größte Ursache ihres Elendes, der Laster und der Nothstände ihrer socialen Lage ist." Ein berühmter Armenarzt äußert sich: „Es giebt nichts, das die Gesundheit und die Sittlichkeit der arbeitenden Classen rascher zerstörte als das Elend, das sie umgiebt, und der schlimme Einfluß, der von feuchten, niedern und ungesunden Wohnungen herkommt." Geschickte Aerzte, die diesen Gegenstand zu ihrem besondern Studium gemacht haben, behaupten, daß zwischen den Scrophelkrankheiten, der Abzehrung und den ungesunden Wohnungen ein inniger Zusammenhang bestehe. Beaudelocque sagt: „Meine persönlichen Erfahrungen, unterstützt durch Lectüre und die Betrachtung einer großen Menge von Thatsachen, sowie die Analyse mannigfacher Beobachtungen haben in mir die tiefe Ueberzeugung hervorgebracht, daß es eine Ursache der Scrophelkrankheiten giebt, die alle andern übertrifft, ja ohne die sie sich gar nicht entwickeln würden oder doch nur sehr selten. Sie besteht in einer gewissen Beschaffenheit der Atmosphäre, in welcher der Mensch lebt. Wie ungenügend oder schlecht gewählt auch die Nahrung ist, welches die Art und Weise der Bekleidung, wie wenig sie der Witterung gemäß ist, wie schlecht es auch mit der Reinlichkeit in seiner Umgebung steht, welches auch das Clima ist, in dem der Mensch lebt, die Beschäftigung, die er treibt, die Dauer seines Schlafens und Wachens: wenn das Haus, das er bewohnt, so gestellt ist, daß frische Luft und die Sonnenstrahlen freien Zutritt haben, und das Haus hinlänglich gelüftet, hell und der Zahl seiner Bewohner entsprechend ist, so werden die Scrophelkrankheiten nie darin auftreten." Ueber den Einfluß auf das sittliche Leben sagt der Prediger eines großen Kirchsprengels in London, der meist aus Armen zusammengesetzt ist: „Der leibliche Zustand der Armen hebt die vereinigten Anstrengungen des Geistlichen, der Lehrer und des innern Missionars, welche die Aufgabe haben, die religiösen und sittlichen Zustände der Armen zu verbessern, vollkommen auf. Mit der Beschaffenheit ihrer Lage sind die Ermahnungen auch zur ordinärsten Sittlichkeit unverträglich, und jede Anstrengung, ein gehobenes Gefühl in ihnen zu erwecken, ist umsonst. Wie kann man zu Leuten von Sittlichkeit reden, die Männer, Weiber und Kinder ohne Rücksicht weder auf Alter noch auf Geschlecht durch einander in einem engen Raum zusammengepropft leben! Man könnte ebenso gut in einem Schweinstall von Reinlichkeit predigen oder in einer Pfütze von lauterm Wasser." In Bezug auf den Wohlstand, der so sehr das leibliche, geistige und sittliche Leben, schöne Häuslichkeit fördert, da kann im Menschen kein Trieb entstehen, nach etwas Eigenem zu trachten, wenn er keine Wohnung hat, die ihm irgend welche Annehmlichkeiten bietet, eine kleine Freude erweckt, wenn ihn alles, was er berührt, anekelt. Da geht der Mensch so schnell als möglich wieder weg; geht im besten Fall an seine Arbeitsstätte; arbeitet da, um das Nothwendigste vor dem Sterben zu erwerben, und das Andere in rohem Sinnengenuß rasch zu verschwenden. An eine Zukunft denkt der Mensch nicht. Er hat eben keine Zukunft vor sich, in der ihn etwas freute; er lebt nur von einem Tag auf den andern; wird er krank, so mag Gott zusehen, wie es geht, oder soll ihn ein Kranken- oder Armenhaus aufnehmen. Es können nicht Alle eigene Wohnungen haben. Das wird wohl ein fernes Ideal bleiben. Aber wenn es auch das Richtigste und Beste wäre, das Leben gerade hängt doch nicht davon ab. Es sind viele, die keine eigene Wohnnng haben, niedere und höhere Beamte, und sie leben doch. Ja viele halten es erst noch für kein Unglück, daß sie der Sorgen für eine eigene Wohnung überhoben seien. Wenn man eine ordentliche Miethswohnung hat und sicher ist, daß man, wenn man sich gehörig benimmt, und das soll man, längere Zeit bleiben kann, wie's häufig der Fall ist, so kann man doch ein ordentliches häusliches Leben führen und Freude an seiner Wohnung haben. Eine Miethswohnung hat auch für Viele ihre ganz bestimmten Vortheile. Wer, wie mancher aus dem Handels- und Industriestande, sein Auskommen bald da bald dort findet oder besser findet, dem kann es manchmal sehr gedient kommen, daß er durch keine eigene Wohnung an einen bestimmten Ort gebunden ist, daß er mit weniger Geld- und Zeitverlust den Ort wechseln kann. Daß wir ohne eigene Wohnung mancher beschwerlichen Sorge überhoben seien, davon sage ich nichts. Denn von solchen Lasten den Menschen befreien, heißt, ihm von seiner Tüchtigkeit nehmen. Aber das will ich sagen: Miethswohnungen erinnern uns mehr als schwere gemauerte eigene Häuser an die Weisheit, daß wir alles Irdische nur besitzen sollen, als besäßen wir es nicht, und daß wir eigentlich nur vorübergehende Gäste auf Erden seien, und geistige Güter, ewige Güter zu erwerben mehr sei als Geld und Gut. Die tauben Saamenkörner zerreibt der große Gärtner im Herbst zwischen den Fingern, während er die harten und glatten sammelt und wieder verwendet.

Ueber den günstigen Einfluß guter Wohnungen auf Leben und Gesundheit und Sittlichkeit geben nun die Arbeiterwohnungen, die in der neuern Zeit an vielen Orten aufkamen, den sprechendsten Beweis. Verschiedene Gesellschaften, gemeinnützige Vereine oder solche Verbindungen, welche außer dem Wohl der Arbeiter auch den eigenen Gewinn im Auge haben, bauten besonders für Glieder aus der arbeitenden Bevölkerung neue Wohnungen oder stellten alte nach ihren Grundsätzen her. In manchen Städten befinden sich diese Wohnungen als besondere Arbeiter-Quartiere zusammengestellt; an andern Orten sind sie da und dort in der Stadt zerstreut. Das letztere ist offenbar das Richtigere. Die Arbeitslocale, wo der Arbeiter seinen Verdienst findet, sind in der Regel auch zerstreut, da und dort; sodann sollen die Aermern der Berührung mit den Reichern, die höher gestellten gebildeten Classen der beständigen Einwirkung auf die weniger gebildeten untern Classen und umgekehrt nicht entzogen werden. Für uns namentlich in der Schweiz wäre eine solche Ausscheidung der verschiedenen Stände unerträglich. Diese Wohnungen sind bisweilen eine von der andern gänzlich geschieden; meistens aber bilden ihrer mehrere ein größeres zusammenhangendes Gebäude, immerhin aber so, daß jede Wohnung für sich abgeschlossen werden kann, daß höchstens ein Hausgang, eine Treppe, ein Brunnen, eine Abgangsgrube die gemeinsamen Theile bilden. Diese Wohnungen nennt man an einigen Orten auch **Musterwohnungen**, weil sie ein Muster sein sollen, wie man gesund, wohlfeil und bequem wohnen könne. Bei den meisten dieser Wohnungen ist auch die Einrichtung getroffen, daß der Miether, wenn er will, nach und nach Eigenthümer werden kann. Diese Wohnungen liefern nun die auffallendsten Beweise davon, wie viel in Beziehung auf Leben und Gesundheit von der Wohnung abhange. Hören wir, was H. Roberts über die Erfolge berichtet, die in London durch diese Musterwohnungen erzielt wurden. „Krankheits- und Todesfälle nahmen in ganz ungeahnter Weise ab; das Durchschnittsalter der sie bewohnenden Arbeiter stellte sich auf die ganz gleiche Linie mit dem Durchschnittsalter der höhern und am besten gestellten Classen. Während der Choleragzeit in London 1849 kam kein einziger Cholerafall in diesen Wohnungen vor, obschon drei derselben in Umgebungen standen, wo die Sterblichkeit sehr groß war; 1854 nur ein einziger, und von dem war noch nicht einmal erwiesen, daß er in der Wohnung selber entstanden, indem der Betreffende vorher längere Zeit mit Armuth und allerhand Sorgen zu kämpfen gehabt hatte.

Die Sterblichkeit in London ist in den besten Quartieren 13 auf 1000, in den schlechtesten 26; in den Musterwohnungen starben während der drei Jahre 1850—53 13—14 auf 1000. Im Jahr 1853 gab es auf die gesammte Bevölkerung, die in London in diesen Musterwohnungen war, auf 1343 zehn Todte, was ein Durchschnittsverhältniß von 7—8 auf 1000 giebt. Unter dieser Bevölkerung waren 490 Kinder unter 10 Jahren. Fünfe davon starben, was ein Verhältniß giebt von 10 auf 1000, während im gleichen Jahre in ganz London die Sterblichkeit der Kinder 46 auf 1000 war. In Bezug auf andere Krankheiten kamen die nervösen Fieber, die so heftige Zerstörungen anrichten, in diesen Musterwohnungen gar nicht vor. Die Sterblichkeit in den bedeutendern europäischen Städten ist folgende: in London 25 auf 1000, in Berlin 25, in Turin 26, in Paris 28, in Genua 31, in Lyon 33, in Hamburg 36, in Moskau 38, in Stockholm 39, in Petersburg 41, in Wien 49. In den verschiedenen europäischen Ländern: in England 23 auf 1000, in Dänemark 23, in Frankreich 23—24, in Holland 24, in Schweden 24, in Preußen 28, in Sardinien 30, in Oestreich 31, in Rußland 36. In fünf Jahren war die mittlere Sterblichkeit in den Musterwohnungen in London 8 auf 1000! Und diese Musterwohnungen stehen zum großen Theil in Gegenden, in denen die mittlere Sterblichkeit 27—28 auf 1000 ist. Dr. Southwood Smith sagt: 'Wenn ganz London ebenso gesund gewesen wäre, wie diese Musterwohnungen, so hätten jährlich 23,000 Menschenleben erspart werden können.' Eine Berechnung, welche die erschreckende Behauptung des Londoner Gesundheitsbeamten M. Simon rechtfertigt, daß von den 52,000 Todten, welche der jährliche Tribut der großbritannischen Hauptstadt sind, die Hälfte durch Mittel gerettet werden könnten, die in unserer Hand liegen, und daß die Zahl der schnell verlaufenden oder schleichenden Krankheiten, welche durch Nachläßigkeit verursacht werden, außer aller Berechnung stehe.

„Mit der Verbesserung der Gesundheit ist die Verbesserung der sittlichen Zustände Hand in Hand gegangen. Der Unmäßige ist mäßig geworden, der Fahrläßige ordnungsliebend. Keine Klage über Verbrechen oder Unordnung ist gegen irgend einen

Miether dieser Wohnungen gestellt worden. Ja bis auf die Nachbarschaft hat sich der wohlthätige Einfluß dieser Häuser verbreitet. Selbst auf den Straßen in der Nähe dieser Häuser haben Lärm und Unordnung Schritt für Schritt nachgelassen."

Mag nun auch mit der Zeit das Resultat in Hinsicht auf die Sterblichkeit in diesen Musterwohnungen etwas anders ausfallen, daß dieselbe etwas über die Zahl hinaufgeht, die während nur 3 bis 5 Jahren sich ergab; mögen diese Leute auch, wenn sie in diesen Wohnungen etwas erwarmt sind, ein wenig wilder werden in sittlichen Dingen: der ungeheure Einfluß, den die Wohnung auf den Menschen ausübt, ist damit auf's augenscheinlichste erwiesen. Und wenn sich die Erfahrungen, die in den Arbeiterwohnungen gemacht wurden, auf alle Arbeiterclassen ausdehnen, mögen sie einer Industriebeschäftigung obliegen, welcher sie nur wollen, so wäre damit ein sehr wichtiges Problem gelöst.

Außer diesen Arbeiterwohnungen beweisen aber noch andere Erscheinungen den großen Einfluß der Wohnungen. Im Jahr 1851 kam in England ein Parlamentsbeschluß zu Stande, welcher die möblierten Zimmer und Wohnungen, die vom Eigenthümer an Miethsleute überlassen werden, gewissen gesetzlichen Vorschriften unterwirft. Es wird den Hausbesitzern Reinlichkeit und gute Lüftung zur Pflicht gemacht, die zu große Anhäufung von Menschen und das Durcheinanderwohnen der Geschlechter verboten. Die Localbehörden haben über die Handhabung dieser Verordnungen zu wachen. Ueber den Erfolg dieser Parlamentsakte berichtet nun H. Roberts Folgendes: „Das Ergebniß dieser Schlußnahme übertraf auch die kühnsten Erwartungen, namentlich in Bezug auf epidemische Krankheiten. Im Jahr 1853 lieferten diese möblierten Wohnungen, hôtels garnis, die regelmäßig einregistriert waren und etwa 30,000 Personen enthielten, nur 10 Fieberkranke; während vorher ein einziges dieser Häuser in wenigen Wochen 20 solcher Kranken an die Spitäler abgegeben hatte. Während der Cholera im Jahr 1854 starben in diesen Häusern nur 26 auf 32,000 oder 8 auf 10,000, während in den schlechtesten Quartieren 259, in ganz London durchschnittlich 44 auf 10,000 starben. Von allen

Seiten des Landes kamen günstige Berichte über den Erfolg dieser Schlußnahme."

IV.

Was wir nun hier über schlechte Wohnungen als die furchtbare Quelle so vieler und früher Todesfälle, häufiger und bösartiger Krankheiten, Entsittlichung, Armuth und Laster aller Art gesagt haben, haben wir zunächst allerdings aus den großen Städten und den Ländern draußen hergenommen, und gilt das in dieser Weise nicht von der Schweiz. In der Schweiz haben wir diese großen Städte mit ihren ungeheuren Menschenmassen nicht; diese schroffe Scheidung zwischen arm und reich, ja der Lebensverhältnisse überhaupt nicht. Wenn man aber damit sagen wollte: ähnliche Bestrebungen, Leben und Gesundheit zu verbessern, wären für uns in der Schweiz überflüssig oder nicht am Platz, so beginge man damit keine kleine Thorheit. Wir haben in der Schweiz bereits ansehnliche Städte mit einer zahlreichen Bevölkerung, namentlich auch mit bedeutender industriellen Bevölkerung; haben auch in unsern Schweizerstädten gesundere und ungesundere Quartiere, Quartiere, aus denen gewisse Krankheiten, z. B. nervöse Fieber, nicht mehr recht weichen wollen. Die Cholera hat bereits auch an unsere Schweiz angeklopft. Sodann handelt es sich hier gar nicht ausschließlich nur um Städte und städtische Bevölkerung, um Industrie und industrielle Bevölkerung. Um was es sich hier handelt, das geht auch die Landbevölkerung an, die Bevölkerung in großen industriellen Dörfern und die Bevölkerung, ärmere und reichere, der Bauerndörfer und einzelnen Gehöste. Es ist ein großer Irrthum, wenn man meint, mit dem Ausdruck Land sei schon alles recht und gut und ein Landbewohner sei das höchste Ideal von Leben und Gesundheit. Es giebt in der Weltstadt London Häuser um die schönen, großen, grünen Plätze herum, wie sie in London häufig vorkommen: die sind von der Sonne beschienen, athmen eine Luft, genießen einer Aussicht ins Grüne, daß dagegen manches Schweizerhaus in einem armen Dörfchen mit den Misthaufen vorn und hinten sich nicht vergleichen wird mit solchen städtischen Behausungen. „Mein Häuschen steht im Grünen", gilt Gott Lob noch von manchem Schweizerhause. Aber manchmal könnte man auch sagen: Mein Häuschen steht an einem armen Ort. Sonne und Mond scheinen gar schön an unsere Berge; aber die Häuser haben oft wenig davon. In gesundheitlicher Beziehung wäre gerade auf dem Lande unendlich viel zu thun. Ich will nur daran erinnern, welche Bedeutung man der Luft giebt. Luft bedeutet so viel als nichts, etwas Luftiges ist etwas Nichtiges. An Erneuerung der Luft in den Wohnzimmern und Schlafgemächern denkt man bei Bauern und ärmern Leuten nicht. Das wäre namentlich bei kaltem Wetter eine unsinnige Wärmeverschleuderung. Ja daß die Luft bei unserm Leben überhaupt eine Rolle spiele oder gar eine große, daran denkt man selbst in guten Bürgershäusern sehr wenig. Die Luft hält man für weiter nichts als für den Platz, in dem man lebe und auf- und abgehe. Daß Luft ein Körper sei, ein elastischer Körper, ein Fluidum, überhaupt ein Etwas, das fällt einem nicht von ferne ein. In Bezug auf Reinlichkeit wird wohl auf dem Lande unter bäuerlicher und ärmerer Bevölkerung auch noch Manches zu wünschen sein. Die Reinlichkeit hält man an vielen Orten für etwas höchst Gleichgültiges, wenn nicht gar für etwas Sündliches, für eine tadelnswerthe Hoffahrt, die sich gar nicht schicke für ärmere Leute. Die Misthaufen sind die regelmäßigen Begleiter der bäuerlichen Wohnung; der Stall ist gar oft an's Haus angebaut, damit man ja keinen weiten Weg zu machen habe. Bei den Abtritten sind oft statt eines gut schließenden gemauerten Raumes oder einer hölzernen Einfassung bloße Gruben, daß die Flüssigkeit durch den Boden durchsickert und denselben weit herum tränkt. Was in der Küche abfällt, an gebrauchtem Wasser und festen Stoffen, wird oft dicht in der Nähe des Hauses auf einen Haufen zusammengeworfen oder ausgeschüttet, daß der Boden weit herum naß wird und die Feuchtigkeit an die Holz- und Mauerwände des Hauses sich macht. Auch in der Schweiz auf dem Lande stehen Bauernhäuser und armer Leute Häuser oft in tiefen feuchten Orten. Die Wohnung befindet sich oft ebener Erde, unmittelbar auf der Erde, ohne daß ein Keller unter dem bewohnten

Raume ist. Ziegel oder Schieferplatten oder Steine oder Bretter bedecken manchmal besser oder schlechter den Boden dieser Räume. Strohdächer, die für allerhand Ungeziefer eine willkommene Herberge sind, Strohdächer mit Moos und andern Pflanzen überwachsen, durch welche der Rauch ohne Kamin durch allerhand Lücken überall durchpassieren muß; Strohdächer, die oft tief über die niedern Fenster herunter hangen und Licht und Luft der drunter kaum sichtbaren Wohnung abschneiden, haben wir auch in der Schweiz. Auf dem Lande sind in ärmern Ortschaften oft Häuser, alte hölzerne oder gemauerte Häuser, in denen 10 und 12 Haushaltungen, 50 und 60 Personen zusammengepreßt unter einem Dache wohnen; drei und vier Ehebetten prangen oft neben einander auf einer Kammer. Ja es kommt vor, daß alte kränkliche Eltern, kranke Personen, die vielleicht jahrelang so zu sagen ohne Schlaf die Nächte zubringen, ihre Betten dicht neben den Betten verheiratheter Kinder oder Geschwister haben. Ekelhafteres kann ich mir nicht leicht etwas denken. Land und Gesundheit, Bauernbevölkerung oder ärmere Landbevölkerung und vernünftige Sorge für Leben und Gesundheit sind noch lange nicht dasselbe. Wie viel Kinder sterben an roher oder keiner Behandlung. Wie manche Krankheit wird durch Fahrläßigkeit bösartig und unheilbar. Wie manches Leben geht zu Grunde, das durch zeitige Hülfe gerettet werden könnte. Und sind wir in der Schweiz, was wir mit Dank gegen Gott und mit etwelchem Stolz aussprechen wollen, auch noch lange nicht in derselben schlimmen Lage, in der sich die ärmere Bevölkerung großer Weltstädte befindet, sollen wir deßwegen die Hände gleichgültig in den Schooß legen? sollen wir deßwegen nicht Hand anlegen wollen, auch die kleinern Schäden wegzubringen? Ein weites Gebiet mit großen Erfolgen liegt auch uns offen. Ja die Frage: wie man am besten und gesundesten wohne, hat auch für uns eine große Bedeutung.

Die Frage ist zunächst gestellt mit Rücksicht auf die arbeitenden Classen. Ich will bei dieser Rücksicht auch bleiben; aber ich erlaube mir, einige Bemerkungen dazu zu machen. Die Ansicht habe ich nicht: Warum soll die Gesellschaft als solche sich besonders mit diesem Ausschnitt der unbemittelten und ärmern Bevölkerung — denn einen ganz bestimmten Theil der arbeitenden Bevölkerung, Fabrikarbeiter hauptsächlich meint man damit — zu schaffen machen? Die Industriellen, die Fabrikherren, die Arbeitgeber, die haben dafür eine besondere Pflicht. Nein, so rede ich nicht. In erster Linie allerdings haben die Fabrikherren diese Pflicht, und sie stellen sich auch gewiß überall bei diesen Bestrebungen vorn dran. Aber weil wir viele von dieser Industrie her auch leben, weil man der großen Mehrzahl nach die Industrie als ein Glück für eine Stadt, für ein Land hält, so können wir nicht alles den Fabrikanten überweisen, sondern haben unser Theil an der Arbeit auch zu übernehmen. Endlich wenn es mit der Industrie stockt, wenn die Fabrikarbeiter schlecht dran sind, nehmen die Fabrikherren nicht alles allein auf sich; sie lassen uns auch unser redlich Theil. Also auch aus diesem Grunde werden wir wohl thun, den guten Zustand der Fabrikarbeiter stets im Auge zu behalten. Auf der andern Seite nun ist meine Meinung diese: Es ist natürlich, daß man sich in Städten und überhaupt an Orten, wo viel Industrie und Handel ist, besonders mit dieser Angelegenheit befaßt. Es strömen dahin eben große Massen Volks; die Wohnungen mehren sich nicht in diesem Maaße, und es müssen Uebelstände eintreten. Aber sonst, im Uebrigen wollen wir aus den sogenannten Arbeitern keine besondere Classe machen. Wir wollen sie nicht hätscheln, wollen ihnen nicht schmeicheln, wie das etwa aus Furcht hin und wieder geschieht; wir wollen sie nicht fürchten. Wir wollen ein Herz für sie haben, in allen Stücken ein gutes Gewissen gegen sie; aber wir wollen alle, die unserer Hülfe, unseres Rathes bedürftig sind, mit der gleichen Liebe umfassen. Man meint, nur die Industrie zu fördern. Hier mag sie etwas Gutes sein; hier mag sie das Beste sein; aber an einem andern Ort ist vielleicht etwas ganz anderes das Beste, der Ackerbau, die Landwirthschaft. Ja wenn wir des kleinen Handwerkers, des ländlichen Proletariats, der ungesunden üblen Zustände, wie sie oft unter bäuerlicher Bevölkerung vorkommen, gedenken, so thun wir auch etwas Rechtes. Indessen die Gesellschaft des Guten und Gemeinnützigen in Basel, die hier zu befehlen hat, hat an ihrem Ort die **Arbeiter** hauptsächlich berücksichtigen wollen und ich will mich in aller Demuth unterziehen. Nur wolle sie mir erlauben, daß ich hin und wieder doch auch in eine Bauernstube hineinblicke. Es giebt das nicht ein zweien Herren dienen. Weil es sich in diesem Schriftchen nicht um Pläne und Baurisse handelt, sondern um Licht und Luft und Reinlichkeit und Ordnung hauptsächlich, so kann das ganz gut miteinander vereinigt werden. Wer dann für die Bauern noch besonders schreiben will, der mag es gleichwohl thun. Ja ich erlaube mir sogar, eben weil es sich nicht um die Frage handelt: wie können am besten und zweckmäßigsten neue und mehr Wohnungen für die arbeitende Bevölkerung hergestellt werden? sondern darum: wie man am besten und gesundesten wohne? hie und da an einem Herrenhause anzuläuten und zu bitten, daß sie nicht etwa mit zu großem Stolze sprechen: Ich danke dir, daß ich nicht bin wie jene. Die Herrenleute sind natürlich besser daran als die Leute, von denen wir hier reden. Aber daß gerade überall bei ihren Wohnungen die Regeln der Gesundheit zuerst und zumeist zu Rathe gezogen werden, nein, das könnten wir nicht sagen. Das Geld allein zieht noch nicht die Regeln der Gesundheit zuerst und zumeist zu Rathe; das thut nur die Weisheit. Prachtliebe und Mode sind noch nicht gleichbedeutend mit Gesundheit und jener Behaglichkeit, die zu einem schönen häuslichen Leben nothwendig ist. Es kommt vor, daß man auf das schöne Sonnenlicht verzichtet, um sein Haus auf einen belebten Platz in der Stadt hinstellen zu können, oder auf dem Lande, um es gerade auf die Landstraße zu richten, weil man gern alles sieht, was vorbei geht, und freilich auch gern von Jedermann gesehen ist in dem schönen Hause. Es kommt vor, daß man, um eine großartigere Form, einen schönern Flügel zu gewinnen, zu hoch hinauf, zu nahe an andere Häuser hinan fährt, einen Baum, der im Sommer kühlen Schatten gegeben hätte, ein Gärtchen wegthut. Es kommt vor, daß man sein Haus, weil man es gerade gern auf dieser Stelle hätte, den heftigsten regelmäßigen Winden aussetzt u. dgl. Es kann auch reichen Leuten begegnen, wenn sie lieber ein Kamin wollen statt eines rechten Ofens, wie es sich für die Schweiz geziemt, daß es ihnen kalt den Rücken hinunter fährt, oder daß sie kein rechtes warmes Zimmer haben, wenn sie statt eines tüchtigen Ofens, der einen bedeutenden Raum einnehmen soll, nur etwa ein vornehmes Straßburger-Öfelchen wollen, das ein Monument vorstellt, ein Grabmal oder so etwas. Prachtliebe und Mode werden oft in die erste Linie gestellt und Gesundheit und Bequemlichkeit erst in die zweite oder gar in die dritte. Gesundheit gehört aber in die erste Linie. Ja ich bin überhaupt der Meinung, daß Gesundheit und Schönheit nicht zweierlei Wege gehen; was nicht gesund ist, ist auch nicht schön, während umgekehrt das Gesunde schon einen großen Schritt in die Schönheit hinein gethan hat.

Es geschieht freilich oft, daß das, was man an einen schönen Bau verwendet, auch zugleich der Gesundheit dient, daß z. B. die hohen Zimmer, die man der Vornehmheit wegen will, auch der Gesundheit zuträglich sind, und wir so wider Willen für unsere Gesundheit sorgen. Aber für die Gesundheit sollte man mit Willen sorgen und nicht wider Willen. Der wohlhabende Mittelstand ist natürlich besser daran, als die armen Leute. Aber daß auch hier nicht die Gesundheitsregeln obenan stehen, liegt auf der Hand. Die Gesundheit ist eben eine geduldige Gesundheit und hat nicht viel von dem, was man Reputation und einen gesetzten Kopf nennt. Sie ist zufrieden, wenn man ihr dient, ohne daß man es weiß und sagt; wenn man die rechten Speisen ißt, weil sie einen gut dünken, ein helles Zimmer hat, weil Nachmittags Gäste kommen. Aber die Gesundheit ist etwas so herrliches, daß man ihr auch in diesem Stück mehr Ehre anthun sollte. Man sollte die Stube von allem Staub rein halten, nicht damit die Frau Base, wenn sie mit der Nagelspitze über Kasten und Kommoden fährt, kein Stäublein mehr entdeckt, und es dann überall heißt, daß man nirgends so gut abstäube wie bei uns. Wir sollten gut abstäuben, keinerlei Staub in unsern Zimmern dulden, damit unsere Lungen sauber blieben, damit diese feinen Röhrchen und Canälchen nicht verderbt und verstopft würden. Wir sollten unser Fleisch gut zubereiten, nicht um der Feinschmecker willen, sondern um dem Blute gute Säfte zuzuführen; eine kräftig gewürzte Brühe dran haben, nicht weil ein Gast diesen Haut-

ober Wild-Goût besonders liebt, sondern weil das die Eingeweidewürmer, die eine große Ursache unserer Krankheiten sind, tüchtig zerstören hilft. Natürlich wird man nicht über jedes Essen von den Eingeweidewürmern reden; obschon ich solchem Reden noch eher etwas abgewinnen könnte als dem geckenhaften Reden von den verschiedenen Goûts, dem auch Mannspersonen oft in erbärmlicher Weise verfallen. Die Gesundheit muß weit mehr in den Vordergrund treten und wir müssen gerader und ehrlicher werden. Die Lehre von den Nahrungsmitteln, von dem Einflusse der Kleidung, Wohnung, was Licht und Luft sei, was alles zur Gesundheit diene, das müssen wir zuerst kennen, und dann reden wir erst von Anderm. Zuerst muß man den Menschen kennen, und dann redet man erst von Ostindien und China, und zwar den Menschen kennen nicht blos in dem Sinne, wie man das „Erkenne dich selbst!" gewöhnlich auffaßt, daß man nur die Seele kennt, indem man etwa auf die Nasenspitze sieht und dann horchen will, was jetzt doch diese Seele sei. Nein, wir müssen uns auch nach unserm Körper kennen, wie's außen und innen aussieht, und was man zuerst zu diesem armen leiblichen Leben bedürfe. Es ist merkwürdig, wie man oft von allen Dingen zu reden weiß, die Romane aller Zeiten kennt, und den Schluck Wasser, den man trinkt, und die Luft, die man täglich durch die Nase zieht, nicht. Es muß aber auch eine ganz andere Erziehung in unsern Schulen Platz greifen. „Jetzt wollen wir zuerst einmal den Menschen kennen! Halt still, Bürschchen; jetzt wollen wir einmal sehen, wer du bist, und dann erst gehen wir mit einander nach Griechenland und Spanien."

V.

Wie muß nun unsere Wohnung beschaffen sein, daß es uns recht wohl drin ist, und wir nicht blos vor Schaden gehütet werden, sondern in allen Stücken gefördert?

Unsere Wohnung ist unsere kleine Welt. Einen großen Theil unseres Lebens bringen wir in der großen Wohnung zu.

Da ist der Himmel unser Dach, die Straßen oder Felder unser Boden, die Berge, oder wo keine Berge sind, der ferne Horizont die Wände. Wir athmen die große gemeinsame Luft, stehen im Licht, in der Trockenheit oder Feuchtigkeit dieser Luft. Einen großen Theil unsers Lebens bringen wir dann aber in unserer kleinen Wohnung zu, in unsern Häusern. Wie soll unsere kleine Wohnung, unser Haus sich zur großen Wohnung, Welt genannt, verhalten? Wie die Bildung zur Natur, wie die Cultur zum rohen Naturproduct. Unsere Wohnung soll veredelte, gebildete, gleichmäßige Natur sein. Wir sollen die reine Luft der Natur in unsern Wohnungen haben; aber die Strömung dieser Luft, die Winde sollen nicht in unserer Wohnung wehen; wir wollen die stille sanfte Luft der Natur. Die Luft in der Natur ist manchmal heiß und manchmal kalt. In der Wohnung wollen wir die gleichmäßige, eine temperierte Luft. Durch künstliche Wärme erwärmen wir die zu kalte; durch Abhaltung der heißen Sonnenstrahlen, durch künstliche Luftströmung und Wasser kühlen wir die heiße Luft. Die Luft draußen ist manchmal zu trocken und manchmal zu feucht. Der zu trocknen Luft können wir in unseren Wohnungen zu Hülfe kommen durch der Verdünstung ausgesetztes Wasser; die zu feuchte Luft trockner machen durch Wärme. Draußen wettert's und wirft's oft Hagelsteine. In der Wohnung wollen wir uns nur dann benetzen lassen, wenn es uns gerade dient, beim Waschen oder beim Baden; so auf's ungefähr wollen wir nicht im Nassen sein, und Hagelsteine wollen wir gar keine auf den Rücken haben. Wir ziehen deßhalb ein Dach über uns. Der Boden in der großen Welt ist ein schöner prächtiger Boden; schöner und mannigfaltiger als der schönste Berneroberländer-Parquetboden. Aber er ist dieser schöne Boden doch nur im Großen, so aus der Vogelperspektive. Da ist bald ein schwarzer Wald, ein gelber Fels, eine grüne Wiese, ein blauer See. Aber wir brauchen nur ein kleines Stückchen Boden, um darauf zu leben, und das ist denn in der Regel nicht so schön. So ein Stück aus einer schönen grünen Wiese wäre auch im Kleinen schön. Aber was dann noch von größerer Bedeutung ist, wir wollen es etwas geregelter haben, als der Boden draußen ist; wir wollen auch nicht bald naß und feucht oder trocken und dürr haben; wir legen Steine, Schiefer, Holz auf den Boden; ja wollen erst zwischen dem Boden und unsere Wohnung eine Schicht Luft haben. Der schöne Boden der Natur ist eben nicht so gesund für uns, als er schön ist. In der großen Wohnung, der Welt, sind an die Wände schöne Porträte und Bilder ausgehängt. Das wollen wir auch in unserer kleinen Wohnung haben. Wir wollen auch etwas Schönes zum Ansehen und dazwischen eine Schraube, daß wir einen Rock gut aufhängen können. In der Natur draußen thun wir unsere Arbeit, wie die Natur dazu eingerichtet ist. Da übt die Natur einen Einfluß auf uns. Wo Silber in den Bergen ist, gräbt man Silber oder wo nur Kohle ist, Kohlen. An Meeresufern sucht man Fische; in warmen Sümpfen baut man Reis. Bei der Wohnung ist das anders, die bedingt nicht unsere Arbeit; im Gegentheil, unsere Wohnung richtet sich nach unserer Arbeit. Also unsere Wohnung soll endlich auch so beschaffen sein, daß sie uns den Betrieb unserer Geschäfte erleichtert.

Wie muß jetzt unsere kleine Wohnung beschaffen sein, daß es uns wohl darin ist, daß wir so gern drin sind als in der großen Wohnung Welt? daß wir so leicht drin athmen, so gesund und blühend sind als draußen? ja mit einem rechten Behagen zum Fenster hinausblicken, wenn es draußen schneit und stürmt, wie es heute am 31. März thut und vielleicht noch manchmal im April thun wird?

Wir haben hier an Verschiedenes zu denken: an neue Häuser, die wir erst bauen wollen; an alte Häuser, die wir bereits bewohnen, aber die nicht sind, wie sie sein sollten; und endlich an Häuser, die nicht unser sind, an Miethswohnungen, an denen man, weil man nur Miether ist, nicht Lust hat viel zu verändern und an denen man auch, weil es der Eigenthümer nicht litte, nicht zu viel herumbocktern darf. Auf alle diese drei Fälle müssen wir hier Rücksicht nehmen. Zuerst nehmen wir das Schönste an, daß wir eine neue Wohnung bauen können, also nichts als brav Geld in der Tasche haben und einen schönen Platz auslesen können. Also das erste nach dem Geld wird die Lage sein.

1. **Die Lage.** In der Schweiz, als einem kühlen Lande, werden wir unsere Wohnung immer nach Süden stellen, d. h. Wohnstube, Schlafzimmer, überhaupt die Zimmer, in denen wir uns am meisten aufhalten, in die Sonne; andere Räume, Küche, Speisekammern, Bibliotheken, Holzbehälter, Abtritte ꝛc. nach Norden. Abgesehen von dem wohlthätigen Einflusse des Lichtes, können wir damit gewissermaßen ein um mehrere Grade wärmeres Clima erzeugen; die Sonnenwärme bildet im Winter eine schöne Nachhülfe; im Frühling und Herbst kann sie uns das Einheizen ganz ersparen und in den paar heißen Monaten im Sommer werden wir uns wohl durch etwas Schatten helfen können, und gar zu delicat braucht man auch nicht zu sein. Man weiß heutzutage nicht, ob man nicht noch einmal in ein wärmeres Clima verschlagen werde. Seit man jetzt in Australien so viel Gold findet, ist es ja leicht möglich, daß wir auch noch einmal nach Australien kommen. Da ist es denn gut, daß man sich bei Hause etwas dran gewöhnt und auf's Gold hin abhärtet.

Stelle dein Häuschen zweitens so, daß es von allen Seiten frei ist, daß Licht und Luft freien Zutritt haben. Natürlich wird man es nicht an Orte stellen, da regelmäßige und heftige Winde wehen; aber frei sollte es von allen Seiten sein, ein Gütchen, ein Gärtchen, oder doch mindestens einen eingefaßten Hofraum um sich haben. Eine hohe Mauer und ein eisernes Portal braucht der Hof nicht zu haben; es kann ein Steckenzaun sein, in den man Dornen oder Rosen pflanzt. Nur frei und abgeschlossen sollte das Haus sein.

Stelle dein Häuschen drittens nicht in schädliche Umgebung; nicht an steile Berghalden, nicht in die Nähe von Sümpfen, namentlich, wenn du das nicht ganz vermeiden kannst, nicht in die Richtung, in welcher von Sümpfen her die Winde wehen. Vermeide die Nähe von gewissen Fabriklokalen, Gerbereien, Schlachthäusern; ja auch ganz ehrwürdige Dinge giebt es, bei denen man besser thut, etwas wegzubleiben, z. B. Friedhöfe. Habe die Zugebäude, namentlich Ställe, hinter dem Hause und nicht in zu großer Nähe, nicht so, daß der Wind von ihnen her dir alles zuträgt. Habe Thiere, weil wir gerade ob den

Ställen sind, z. B. Hühner und Schweine, und dich nicht in der gleichen Wohnung, namentlich die letztern, diese treuen Begleiter der Menschen, deiner Wohnung nicht zu nahe; denn sie sind und bleiben Schweine. Wenn auch ihr Fleisch, wenn es eingesalzen und geräuchert ist, gut schmeckt; so lange sie leben, ihre Ausdünstung, ihr Mist sind der Gesundheit sehr schädlich. Sie können selbst dem Vieh den prächtigsten Stock Heu verderben, wenn man sie im Stall hat, statt daß sie an einem abgesonderten Ort ihr Quartier haben sollten.

Suche viertens dein Häuschen in die Nähe von gutem Brunnenwasser zu stellen. Gutes Brunnenwasser, viel Wasser, nahes Wasser ist eine Capitalbedingung eines gesunden Lebens für Menschen und Vieh; ist natürlich auch wohlfeiler, als wenn wir weit gehen und viel Zeit verlieren müssen, bis wir unsern Wasserbedarf haben.

Stelle dein Häuschen so und so; das wird in der Wirklichkeit aber meistens ein schöner Traum sein. Wir sind eben nicht mehr die Ersten im Lande, daß wir wie Lot und Abraham das Land, das gegen Süden liegt, und das Land, das gegen Osten liegt, überschauen könnten und dann sprechen: willst du zur Rechten, so ziehe ich zur Linken, und willst du zur Linken, so ziehe ich zur Rechten. Es sind meistens schon Leute da. Das kann man allenfalls noch an manchem Ort in Amerika; aber in der Schweiz muß man meistens bauen, wie der Nachbar, Zeit und Umstände es vorschreiben; manchmal selbst dann, wenn man das Geld in unbeschränkter Weise hätte, was aber nicht immer der Fall ist. Namentlich in den Städten und auch in größern Dörfern muß man meistens links und rechts an Nachbarhäuser anbauen und anbauen lassen. Da sollte dann das Gemeinwesen dafür sorgen, daß wenigstens nach zwei Seiten, hinten und vorn, genugsam freier Raum bliebe, daß die Straßen so breit angelegt würden, als die Häuser hoch sind, damit die Sonne den Häusern bis auf den Grund blicken könnte, während solche Gassen, von oben angesehen, oft nichts anderes sind als schmale feuchte Klüfte zwischen den breiten grauen oder braunen Felsmassen der Häuser; nur mit dem Unterschiede, daß in einem natürlichen Felstobel doch in der Regel auf dem

Grunde ein lauteres Wasser tost. Hier, in diesem Städtetobel gehen Menschen hin und her, rauchen Tabak, athmen schlechte Luft aus und verunreinigen die Häuser. Sonne sieht man an beiden Orten gleich viel. Man soll bauen, daß Luft und Licht auf beiden Seiten der Häuserreihen Zutritt haben. Wenn so die Straßen breit sind, von Zeit zu Zeit ein großer freier Platz kommt, ein großer Luftbehälter, der mit Rasen und Bäumen bepflanzt ist, wenn durch reichliche Wasserzufuhr alle stinkenden und faulenden Abfälle und Flüssigkeiten weggeführt werden, wenn in den Häusern selber Reinlichkeit herrscht, so kann in der größten Stadt das Leben so gesund sein als auf dem Lande; sie ist dann eben nichts anderes als ein dicht bevölkertes, mit Häusern dicht besetztes Stück Land und anderes sollte die Stadt nie sein. In solcher Stadt, wenn die Sonne von oben auf die Dächer, an die Wände, auf das Straßenpflaster scheint, wird die Luft erwärmt, sie steigt in die Höhe, nimmt Verbrauchtes und Schädliches mit sich; ab dem Lande strömt durch weite geräumige Gassen die kühlere, schwerere aber reine Luft herbei. Es entsteht ein Hin- und Herwogen; wenn jede Luftart ihre besondere Farbe hätte, es gäbe ein Spiel, wie wenn Wagen in raschem Laufe aneinander vorbeigleiten und doch keiner dem andern einen Schaden zufügt. Aber wenn die Straßen enge sind und da und dort, auf jedem Schritt wieder ein Stock Häuser sich quer in den Weg stellt, so geht es dann der Luft freilich wie Fremden in Weltstädten, wenn sie die Sprache nicht kennen und nicht wissen, ob sie zu Fuß gehen wollen oder fahren und stehen, während unterdessen die Fuhrwerke an ihnen vorbeisausen. Es entsteht Stockung; die alte schlechte Luft kann nicht weg und neue frische kommt keine hinzu.

Aber wenn du also nicht ganz frei bist, daß du das Ideale erreichen kannst, so suche doch als ein gescheiter Mann das Mögliche; stelle dein Haus wenigstens so sehr in's Freie, als dir nach Umständen und Geld möglich ist. Steht das Haus schon, wie die meisten das wohl thun werden, so räume wenigstens das Schädliche, Störende, Häßliche weg, darüber du zu verfügen hast. Verkaufe nicht um eines lumpigen Profitchens willen dein Gütchen, dein Gärtchen um dein Haus herum. Im

Gegentheil, wo du dir so etwas erwerben kannst, spare es nicht. Pflanze dir ein paar Bäume, nicht zu nahe an's Haus. Bist du ein Bauersmann, oder machst nur so Armenleutenmist aus Laub, Stroh, allerhand Abfällen und etwas Dünnem drauf, so entferne die Mist- und Composthaufen und -Lachen vom Hause. Besser etwas weiter gehen und gesunde Luft, als Mist und Gestank so nahe beisammen. Arbeiter, kaufe, miethe lieber ein Häuschen, das etwas fern vom Arbeitslokale ist und dabei freier und sonniger. Der größere Weg, den du machen mußt, bringt dir's reichlich ein. Schon dieser tägliche Spaziergang, der dir auch nicht Zeit läßt, im Wirthshaus anzukehren, thut dir gut, und die reinere Luft, die du im Hause hast, noch besser. Du wirst von jedem Gang stärker und von jeder Nacht, die du in der frischern Luft schläfst, munterer. Nur das Wasser, wie wir schon gesagt, solltest du nicht zu weit weg haben und die Lebensbedürfnisse nicht, die deine Frau kaufen muß, damit sie nicht zu lange von ihren Kindern und der Haushaltung sich entfernen muß.*)

2. **Der Boden.** Die Wohnung muß nicht aus dem Boden heraus wachsen. Fest soll sie auf dem Boden stehen wie ein Baum in der Erde; aber nicht wie ein Baum mit dem Boden durch große und dann immer feinere Wurzeln so innig verbunden sein, daß wie in dem Baume die Säfte so die Feuchtigkeit des Bodens durch Stoffe, die sie anziehen und weiter leiten, in's Haus hinauf steigt. Die Wohnung soll fest auf dem Boden ruhen, aber vom Boden isolirt sein, mechanisch mit ihm verbunden, aber nicht durch den Stoff oder durch Kräfte. Zu dem Ende hat man Folgendes zu beobachten. Wähle für's erste einen an sich trockenen Boden; stelle das Haus etwas höher, als der es umgebende Boden ist. Mußt du an eine steile Berghalde bauen, wie man das in engen schroffen Thälern oft muß, so baue nicht unmittelbar hinten in den Berg hinein; schneide einen Durchgang hinten zwischen dem Hause und dem Abhang ein, führe die Hausmauer hinten frei auf wie die Seiten- und vordern Mauern und laß hinten zwischen dem

---
*) Vgl. über diesen und folgende Abschnitte besonders: Oesterlen, Handbuch der Hygieine. Tübingen 1851.

Hause und der Bergseite die Luft durchstreichen. Mußt du auf einen sumpfigen Boden bauen, so stelle das Haus lieber frank auf Pfähle, statt daß du es in den Morast einmauerst. Auf gewöhnlichem Boden isoliere das Haus von dem Boden dadurch, daß du erstens zwischen der eigentlichen Wohnung und dem Boden einen Keller gräbst. Wie unter dem Dache ein Luftraum sein muß, der uns von den Einflüssen der wechselnden Temperatur draußen trennt, so muß ein Luftraum uns vom Boden trennen. Diese beiden Räume, Keller und Dachboden, sollten daher auch nie von Menschen bewohnt werden müssen; die sollte man den Mäusen und den Schwalben überlassen; sie sind nur die Vorhöfe der Wohnung. Kannst du keinen Keller graben, weil das Wasser zu hoch liegt, so grabe wenigstens ein paar Schuhe tief, so tief als dir möglich ist; mache rings um diesen ein paar Fuß tiefen Luftraum Oeffnungen, daß die Luft gut durchzieht. Im Keller bringe nicht bloß oben unter der Diele kleine Fensteröffnungen an; das bringt nicht Lüftung genug in den untern Theil des Kellers. Du mußt unten auf dem Boden des Kellers solche Oeffnungen auch anbringen, mußt sie schräg durch die Kellermauern hinauf nach außen und oben führen. Dadurch kommt auch die Luft mitten im Keller in Bewegung; bleibt Holzwerk und anderes im Keller vor Fäulniß, der trockenen und nassen bewahrt. Um das Haus vom Boden zu isolieren, mußt du zweitens gute Fundamentmauern machen aus trocken ineinander geschlagenen Steinen, Fundamentmauern, die nach außen etwas weiter in den Boden hineinreichen, als die Mauer des Hauses sonst breit ist. Ja außerhalb dieser Fundamentmauern solltest du noch ein paar Fuß breit trocknes Geröll, kleinere und größere Steine einstampfen, daß durch dieses trockne luftige Gestein hinauf kein Wasser aufgesaugt wird; im Gegentheil von außen hinein fallendes Wasser nach unten abläuft. Zwischen der Fundamentmauer und der eigentlichen Hausmauer sollte eine Lage von Asphalt angebracht werden, daß allfällige Feuchtigkeit nicht weiter hinauf dringen könnte; denn über den Asphalt hinauf kann sie so wenig als Schnecken über Sägspäne. Um das Haus herum muß der Boden mehrere Fuß breit, wo man arm ist, fest gestampft werden; wo's etwas besser steht, gepflastert oder mit Steinplatten bedeckt, damit Regen= Schnee= und anderes Wasser nicht eindringe. Das Dachwasser soll gut abgeleitet werden, ebenso das Wasser des Gußsteins in der Küche; der Abtritt gut eingefaßt sein, und namentlich kein Wasser in der Nähe des Hauses ausgeschüttet werden. Es giebt solche Narren, die da meinen, das Haus sei wie ein Kohlstock, der gern naß und feucht habe. Sie schütten den Tag über Waschwasser und anderes durch Fenster und Thüren hinaus, hart an's Haus an, daß es beständig drum herum naß ist und stinkt.

Wenn nun das Haus schon steht, so wird man bereits gemerkt haben, was in diesem Falle zu thun ist. Die Fundamentmauern kann man nicht mehr wegnehmen; aber außerhalb derselben kann man bei feuchtem Boden Geröll einstampfen, den Boden um das Haus herum pflastern, für Abzug des Wassers sorgen, selber nichts ausschütten, Oeffnungen in den Kellern oder dem weniger tiefen Luftraum, der an dessen Stelle ist, anbringen. Trocken! Trocken! ist hier das Losungswort.

3. Das Baumaterial. Hier wird es wohl heißen: ländlich, sittlich. In München, wo die Steine rar sind, bauen sie mit gebranntem Thon, Ziegelsteinen, und in Uri, wo sie noch Holz genug haben, um es in den Wäldern faulen zu lassen, mit Holz. Das beste Material wird wohl gebrannte Thonerde sein; indessen wird des hohen Preises wegen nicht viel zu diesem Material gegriffen, sondern zum Stein. Und in der Regel wird der Stein auch das zweckmäßigste Material sein. Ein gut gemauertes Haus, wenn man die Steine nicht frisch aus den Brüchen braucht, sondern längere Zeit an Luft und Sonne hat liegen und austrocknen lassen, wenn man die Steine in der Mauer nicht durchgehen läßt, den Kalk nicht spart und namentlich dicke Mauern macht, stellt am meisten eine gleichförmige Temperatur her. Die Kälte und Wärme dringen von außen nicht so schnell und nicht so grell ein. Holzhäuser, namentlich mit dünnen Wänden, wie man sie jetzt des theuren Holzes wegen machen muß, geben der äußern Temperatur zu leicht und zu schnell nach. Ein solid gemauertes Haus leistet einen größern passiven Widerstand. Inwendig in den Zimmern sollten die

Mauern mit Holzwerk ausgeschlagen, getäfelt, oder wenigstens mit einem festen Papier sammt gehöriger Unterlage überzogen sein. Die Farbe der Wände soll so sein, daß das Auge dadurch nicht in einen Reizungszustand versetzt wird; weiße übertünchte Wände sind in Zimmern, in denen man sich oft aufhalten muß, zu vermeiden.

Gestampfte Erde, sogenannter Pisébau, leitet Kälte und Wärme zu gut; das Holzwerk, das damit in Berührung kommt, fault leicht; auch eignet sich diese Bauart namentlich in Gegenden nicht, die von Ueberschwemmungen heimgesucht werden; auch Runsen und Waldbächen in den Bergen würden solche Gebäude wahrscheinlich einen schwachen Widerstand leisten. Indessen bevor ich in einem schlechten Holz- oder gemauerten Hause mit zehn und zwanzig Parten zusammen wohnte und das ganze Jahr wegen jeder verbrannten Mehlsuppe stritte, stampfte ich lieber Erde oder Moos zwischen Latten zu einem eigenen Häuschen zusammen, und wenn ich alle zwei Jahre so ein Hänschen zurecht stampfen müßte.

Die Bedachung wird auch je nach dem Lande verschieden sein, aus Holz, Stroh, Schiefer, Steinen oder Ziegeln bestehen. Das beste wird ein guter Ziegel sein. Der Einrichtung nach, um dieses hier gleich abzuthun, soll das Dach mäßig geneigt sein, damit das Wasser gut abfließe und es doch kein thurmähnliches Aussehen gewinne; es soll nicht zu weit vorspringen, daß Luft und Licht den obern Zimmern nicht zu sehr abgesperrt wird; nicht zu viel Winkel, Ecken und Spitzen enthalten, sondern so einfach als möglich sein, damit Regen und Schnee nicht länger als nöthig verweilen und in's Innere dringen.

Um das Holzwerk des Hauses, sei das Haus ganz aus Holz gebaut oder gemauert, vor der Fäulniß zu bewahren, ist Luft das beste und einzige Mittel. Luft soll vom Keller bis zum Dachstuhl in Zimmern, auf Gängen und Treppen freien und ungehinderten Zutritt haben.

4. Die Einrichtung. Das Haus soll eine Einzelwohnung sein, d. h. für eine Familie eingerichtet. Man predigt heutzutage von allen Dächern, wie die Familie der Grundstock der Gesellschaft und des Staates sei, und wie man die Familie

kräftigen müsse, um den andern Gebieten des Lebens aufzuhelfen. Dem entspricht dann aber auch, daß die Familie auch äußerlich durch das Haus angefaßt werde, daß sie auch durch das Haus als eine Familie hingestellt werde. Wenn ein echtes Familienleben zu Stande kommen soll, daß man das Gefühl hat, man gehöre in einer andern Weise zusammen als in der, in welcher alle Menschen zusammengehören, muß eine gewisse Abgeschlossenheit vorhanden sein. Man wird deßwegen kein kalter Egoist. Ich kann dennoch mit meinem Nachbar im Frieden leben; ja ich werde weit eher mit ihm im Frieden leben, wenn ein jeder seine eigene Hausthüre hat. Diese ewige Verbrüderung, die sich bis in das Innerste der Häuser fortpflanzt, taugt nichts. Ich kann mich mit den Menschen verbrüdern, sobald ich zur Hausthüre hinaus bin, schon auf der Gasse, geschweige an den Orten der gemeinsamen Arbeiten, geselliger oder ernster Zusammenkünfte. Ein Winkelchen sollte man noch haben, da man für sich ist. Und wo noch ein Zustand einfacher Natürlichkeit ist, macht sich dieses Bestreben auch geltend. Unsere Zeit, die in allem zur Industrie wird, hat uns diese kasernenartigen Häuser gebracht, die außen fix und innen nix sind, außen Palläste vorstellen und inwendig enge Zimmer haben, schlechte, dunkle Gänge, steile Treppen, stinkende oder gar keine Abtritte, Keller- und Dachwohnungen, viele Leute drin, daß jedes Winkelchen Zins trägt, und es Allen schlecht ist. Wie gemeinsame Wohnungen hundert Anlässe zu Streit und Verdrießlichkeiten geben, davon wollen wir gar nichts sagen; wir halten uns hier einfach an das Sprichwort: „Ein halbes Haus ist eine halbe Hölle."

Der Form nach wird das Haus in feuchten, sumpfigen Gegenden mehr in die Höhe gehen, in hohen, dem Winde stark ausgesetzten niedrig sein; in der Regel soll es nicht weiter in die Luft hinaufragen, als es sich auf der Oberfläche ausdehnt, also ungefähr die Würfelform haben.

Sein Raum soll der Zahl der Bewohner entsprechend sein, und der Raum auf eine Person nach der Luft berechnet werden, die wir zu einem gesunden und vernünftigen Leben brauchen. Auf die Stunde sollte der Mensch einen Würfel Luft von 200

Fuß haben. So geräumig sind aber nur die Wohnungen der
Reichsten. Die meisten Menschen müssen sich mit einem viel
kleinern Raum begnügen und können sich auch begnügen, wenn
für gehörige Erneuerung der Luft gesorgt ist. Im Ganzen
aber wohnen die meisten Menschen viel zu enge. Wenn nach
den Forderungen der Gesundheit und eines schönen häuslichen
Lebens Wohnungen hergestellt werden sollten, müßte diese Frage
ganz anders an die Hand genommen werden; da dürfte nicht
wie jetzt nur getröpfelt werden; da müßte zu manchem Dorf
gerade noch so ein Dorf, zu mancher Stadt gerade noch so eine
Stadt hinzugebaut werden, bis man sagen könnte: jetzt wohnen
wir vernünftig. Und wenn es nur so forttröpfelt wie jetzt,
sind wir bei der gewiß auch in diesem Maaße forttröpfelnden
Bevölkerungsvermehrung nach hundert Jahren wieder nicht besser
dran als heute. Es geht auch da gerade, wie der Abgeordnete
Dr. Schade in der preußischen Kammer in diesen Tagen wegen
der Lehrerbesoldung ausgerechnet hat. Wie der Zuwachs der
Besoldung, wenn er nur auf dem langsamen, viele Jahre in
Anspruch nehmenden Wege und nicht durch einen großen Griff
erreicht wird, dann wieder durch die unterdessen im Preise auch
höher gestiegenen Lebensbedürfnisse ausgeglichen wird, so wird
die größere Bevölkerung die allmälig und nur tröpfelnd ver-
mehrten Wohnungen gerade wieder so angefüllt haben wie jetzt.
Da sollte ein großartiger Schritt gethan werden; wir sollten
massenweise, dorfweise, halbstädteweise aus diesen engen stinkenden Wohnungen ausziehen können. Die Wohnungsfrage ist
viel wichtiger als die orientalische und manche andere Frage, die
die halbe Welt in Brand steckt. Da gehen stumm, ruhmlos
Tausende und Millionen Menschen zu Grunde oder kommen nie
zu einem rechten Dasein. Die Wohnungsfrage ist für die
Menschheit eine Capitalfrage.

Bei der Räumlichkeit fehlt man insbesondere bei den Schlaf-
zimmern, Gängen, Treppen, Abtritten. Für die Schlafzimmer
nimmt man meistens die schlechtesten Räume. Man denkt, zum
Schlafen sei's gut genug; da sieht uns ja Niemand. Wenn wir
nur eine schöne Stube haben, wenn Jemand kommt, und gegen
die Straße eine hübsche Wand. Nein, zum Schlafen ist's nicht

bald gut genug. Wo man den dritten Theil seines Lebens
ununterbrochen zubringt, da muß es gut sein. Namentlich Kinder, Kranke und Alte sollten weite und große Räume zum
Schlafen haben. Gänge und Treppen behandelt man häufig als
Nebensache. Natürlich; sie tragen keinen Zins, und wir leben
in einer Zeit, da alles Zins tragen sollte. Wo noch ein vernünftiger Gang ist, macht man ein Zimmerchen daraus, und
setzt in's Tagblatt, es sei noch ein „sonnenreiches" Zimmer für
einen ledigen Herrn zu vermiethen. Gänge und Treppen sind
das halbe Haus! Ein Haus mit schlechten, engen, dunkeln und
steilen Treppen und Gängen und schönen Zimmern ist eine träge
Fleischmasse ohne ein tüchtiges Knochengestell, ein altes Kleid
mit neuen Lappen. Vollends aber mit dem Abtritt steht's an
manchem Ort, daß es eine Schande ist. Und ein Haus mit
einem schlechten, stinkenden, dunkeln Abtritt ist auch nur ein
halbes Haus, aber eine ganze Schweinerei. Es giebt stattliche
Gebäude, worin die Abtritte so eng sind, daß man die Thüre
hinter sich schließen muß, bevor man sich umkehren kann, während welcher Zeit man dann die Nase dicht über den Sessel
halten muß. Solche Gebäude sind nicht werth, daß ein Hund
das Bein gegen sie aufhebt. Es giebt sogar Häuser, ganze
Gassen von Häusern in Städten, da gar keine Abtritte sind.
Da müssen sie des Nachts den Unflath in großen hölzernen
Gefäßen auf dem Kopf etwa in einen nahen Bach tragen, als
ob sie's gestohlen hätten. Ja, ja, es ist gestohlen! gestohlen
an der Gesundheit, am Anstand, an der Sittlichkeit, am Haus-
frieden oft! Ich rede natürlich nicht gern von diesen Dingen;
aber doch will ich es sagen, und zwar ohne um allerhöchste
Permission anzuhalten, denn das Bemänteln hilft hier nicht;
das ist ein Uebelstand, der laut und öffentlich gerügt werden
muß. Die stinkenden, engen, dunkeln Abtritte, die müssen mit
aller Gewalt entfernt werden, und wenn ein Zimmer des Hauses
geopfert werden muß und eines weniger in's Tagblatt gesetzt
werden kann; die sind ein heimlicher und höchst unheimlicher
wüster Schaden. Und bei neuen Häusern müssen wir von der
verrückten, gespreizten Vornehmheit, als müßten wir auf keinen
Abtritt, als wären wir von lauter Duft und Geist, und könnten

dann, wenn's je nöthig wäre, noch schnell einen Abtritt auf einem Gang anflicken, zurückkommen, und einen ehrlichen und vernünftigen Abtritt von Anfang an in den Bauriß aufnehmen, eingedenk, daß am Menschen und so auch am rechten Hause nichts Unreinliches ist, daß erst der Mensch die Unreinlichkeit macht. Der Abtritt soll außen am Hause kein besonderer auffallender Anbau sein, keine eigenthümliche Form der Fensteröffnungen haben, daß man schon von weitem merkt, mit wem man es da zu thun habe. Solche abtrittliche Gedanken soll man nicht absichtlich erregen. Er ist am besten eingefügt in den Hinterbau des Hauses, etwa als Ecke eines Holzbehälters, eines Ortes, da Feld- und Gartengeräthschaften aufbewahrt werden, einer Laube, eines Tennes, wie man diese hölzernen Vorhäuschen an manchen Orten nennt. Der Abtritt soll auch im Hausgang unter den übrigen Thüren sich nicht hervordrängen: da sei jetzt der Abtritt! Zu erkennen soll seine Thüre sein, damit Fremde nicht verlegen sind, wo sie ein und aus müssen und dann nach langem Besinnen endlich in die Küche gerathen. Aber dann soll der Abtritt ein helles, geräumiges und reinliches Zimmerchen sein mit festschließenden Sitzen für Erwachsene und Kinder, gut gelüftet und fleißig gereinigt.

Das Haus soll auf die nothwendigsten Hausgeräthe und deren Stellung Rücksicht nehmen. Man könnte zwar sagen: die Hausgeräthe als das Kleinere sollen sich nach dem Größern, nach dem Hause richten. Indessen gewisse Geräthe, z. B. Betten, haben ihre bestimmte Größe, von der nicht abgegangen wird. Koffern und Kasten wenigstens für den gleichen Schlag Menschen werden auch überall so ziemlich gleich gemacht; da wird sich wohl das Haus darnach richten müssen, denn der schwarze Koffer, welcher der Braut nebst dem Bette gegeben wird, fragt nicht, ob er auch im neuen Hause des Bräutigams gut stehen könne. Die Zimmereintheilung soll so sein, daß diese Dinge bequem gestellt werden können, so, daß sie das Zimmer am wenigsten verengern, der Circulation der Luft am wenigsten Hindernisse darbieten und dem Ganzen ein geordnetes, symmetrisches Aussehen geben. Es ist eine gute Bemerkung von einem Architekten:[*]

---

[*] In dem Schriftchen über Arbeiterwohnungen in und um Basel. 1853.

„Man müsse den Entwurf zu einem Wohnhause „von innen heraus" erfinden, d. h. die Erfordernisse der einzelnen Räumlichkeiten für sich abwägen, und dann erst dieselben so zusammenstellen, daß sie auch äußerlich als ein architektonisches Ganzes sich darstellen." So sollte, in den Dörfern und Städten, ein jeder sein Haus bauen nach seinen Bedürfnissen und seinem Vermögen; aber dann sollten wir die Häuser so gruppieren, daß sie auf der schönen Gotteserde, im Thal, in der Ebene, am Meeresrande ein schönes Dorf, eine schöne Stadt darstellten.

5. Das Licht. Von hier an, noch nicht ganz von hier an, aber doch schon etwas von hier an kommen wir jetzt zu Dingen, die in unserer Macht stehen, auch wenn wir keine neuen Häuser zu bauen haben, ja nicht einmal die alten unser eigen sind; zu Dingen überdieß, die nicht viel kosten und doch von großem Werthe sind. Bis jetzt wird nämlich mancher gedacht haben: ja das wäre alles recht und gut; die Lage nach Süden und der trockene Boden mit der Asphaltschicht zwischen dem Fundament und den eigentlichen Mauern und das Gärtchen um's Haus, drin wir unser Gemüse pflanzen könnten, das uns besser schmeckte, als wenn wir's in Zürich auf der untern Brücke kaufen müssen, und die getäfelten und tapezierten Zimmer, das gefiele uns alles ganz gut, wenn nur das Geld nicht wäre. Von jetzt kommen wir zu Dingen, die auch ohne Geld zu haben sind, wenigstens gewisser Maßen, und von denen es ausnahmsweise nicht wahr ist, daß, was nichts koste, auch nichts werth sei; im Gegentheil, diese Dinge sind viel werth. Dabei entlassen wir natürlich jene nicht, welche Geld haben. Von diesen Dingen ist das erste das Licht.

Das Licht ist ein sehr wichtiges Förderungsmittel der Gesundheit und des gesammten Wohlbefindens, des leiblichen und des geistigen. Denn in einer dunkeln Höhle kann man auch keine hellen lichten Gedanken haben. Das Licht wirkt zunächst am meisten auf die Haut ein; es macht bleiche Leute oder braune und rothbackige und gar schwarze. Aber auch auf die innern Vorgänge im Körper wirkt es ein, auf den Blutlauf und die Verrichtungen des Nervensystems. Die Bewohner süd licher Gegenden, schon die Bewohner Südfrankreichs, Italiens und Griechenlands haben im Allgemeinen kräftigere und schönere Körperformen als die Bewohner des nördlichen Europa, zugleich größere Regsamkeit und Geistesfrische, sofern nicht etwa politisches oder anderweitiges Unglück hinzutritt, namentlich sind unter den farbigen Leuten Körpermißbildungen etwas sehr Seltenes.*) Die Leute in lichtarmen Gegenden, unter beständig trübem Himmel haben einen aufgedunsenen Körper und besondere Anlage zu Bleichsucht und Wassersucht, zu Katarrhen, Drüsen- und Knochenleiden, Verkrümmung und Mißbildungen aller Art; wie Pflanzen, die längere Zeit der Dunkelheit ausgesetzt sind, bleich und wassersüchtig werden und die Früchte in nassen und trüben Sommern auch nicht die Schmackhaftigkeit und Reife wie sonst erlangen. Wie wir nun das Geschick haben, auf dem prächtigsten Fleck Erde recht häßlich zu wohnen, hinter Mauern und Zäunen, zwischen Ställen und Misthaufen, so können wir auch im lichtreichsten Lande uns gar dunkel betten. In engen Gassen, im Erdgeschoß, in Kellern, da sind wir wie in lichtarmen Ländern, haben auch nur so einen Nordlichtschimmer, sind bleiche, schwache, ausgegrabene Leute mit grabähnlichen Gedanken. Das Licht erheitert Kopf und Brust. Seht, wie schon das Kind das Licht mit seinen Aeuglein sucht, mit seinen Händchen darnach greift! Das Licht vertreibt manche finstere Sorge, manche im Finstern schleichende Sünde; im Lichte ist gut wandeln. „Wer des Tages wandelt, stößt seinen Fuß nicht an." Unsere Wohnung sollen wir in's Licht stellen, und wo sie schon steht, sollen wir die Hindernisse des Lichtes wegräumen, so weit es in unserer Macht liegt. Die Fenster müssen wir rein erhalten; gebrochene Scheiben nicht mit Papier oder Lumpen flicken, sondern mit Glas.

6. Die Luft. Die größte Bedeutung für die Wohnung hat die Luft, und hier wird gerade am meisten gefehlt. Man hält die Luft nicht für einen bestimmten Stoff, sondern für nichts; was über der festen Erde und dem nassen Wasser hinaus ist, das ist nur leerer Platz, in dem man auf- und abgeht, Häuser baut, Bäume pflanzt, Fleisch kocht und ißt. Die Luft

---

*) Oesterlen: Handbuch der Hygieine.

ist aber ein Stoff, ein elastischer, flüssiger Stoff, der wie eine Hülle, wie ein Dunst, wie ein Nebel, wie ein Schleier die Erde umgiebt und in der und von der wir leben. Wir schwimmen in der Luft herum, sind mit der Luft verbunden wie mit einer Aepfel- oder Speisekammer, in der wir von Zeit zu Zeit einen Apfel, eine Speise zu uns nehmen. Nur Speise nehmen wir von Zeit zu Zeit, etwa alle drei Stunden, Luft dagegen nehmen wir beständig zu uns, ohne Aufhören, selbst in der Kirche, während wir ganz andächtig da sitzen und meinen, nur Auge und Ohr zu sein. Alle Oeffnungen des Körpers sind verschlossen, sie öffnen sich nur, z. B. die Speiseröhre, wenn wir etwas zu uns nehmen, Speise herunter schlucken. Nur die Oeffnung für die Luft ist beständig offen; sie zu öffnen und zu schließen steht auch nicht in unserer Macht, wie man den Mund öffnen und schließen kann. Die Nase und die Luftröhre kann man nicht willkürlich schließen, außer man drücke die Nase mit der Hand zusammen, aber dann muß man den Mund öffnen, oder würge sich, so lange man es aushält, am Hals. Das hätte einem schon sagen sollen, daß es mit der Luft etwas auf sich habe. Denn wozu so eine Nase mit den beständig offenen Nasenlöchern und eine Luftröhre, die an magern Mannspersonen nichts Schönes ist, und an der man, bei der Luftröhrenschwindsucht, sogar sterben kann, wenn das nicht alles seine guten Gründe hätte. Durch die Nase und die Luftröhre ist unser Körper beständig gegen die Luft offen. Wie geht nun das Athmen zu? Die Luft stürzt durch die offene Luftröhre in einen Sack, in die Lunge. Eigentlich ist die Lunge kein besonderer Sack, sondern, wenigstens beim Menschen, und von den Fröschen reden wir nicht, nur die immer weiter und feiner vertheilte und verästelte Luftröhre, ähnlich wie das Ast- und Laubwerk des Baumes der viel und fein vertheilte Baumstamm ist. Dieser Sack, wir wollen die Lunge der Einfachheit wegen jetzt so nennen, wird nun durch die eingestürzte Luft gewaltsam ausgedehnt, drückt nach unten auf das Zwerchfell, die Querscheidewand zwischen Brust- und Bauchhöhle, dieses drückt auf den Inhalt des Bauches, die Eingeweide auf die Bauchwandungen. Bei den Weibern und bei Männern bei heftigem starkem Athmen ist auch der Brustkorb noch thätig; wenn die Lunge sich ausdehnt, weicht er etwas nach außen, indem jede Rippe etwas nach oben und außen sich hebt. Die Lunge nun, die von der Luft gewaltsam ausgedehnt wurde, strebt wieder in ihre vorige Lage zurück, zieht sich zusammen; die Bauchwandungen thun dasselbe, drücken auf die Eingeweide, die Eingeweide auf das Zwerchfell, das Zwerchfell auf die Lunge; ebenso strebt der Brustkorb wieder in seine frühere Lage zurück, und so muß die eingestürzte Luft wieder heraus. Aber so wie sie heraus und die Lunge eingesunken ist und jetzt gleichsam ausruhen und des Sieges sich freuen will, stürzt schon wieder frische Luft hinein, und die arme Lunge muß das Geschäft wieder von neuem beginnen, und wir freuen uns erst noch; denn so lange dieses Gehen und Kommen, dieses Einathmen und Ausathmen dauert, so lange und nicht länger leben wir. Das Athmen beginnt mit der Geburt, sobald die Luft die arme Nase erblickt. Das Gefühl, der Trieb, daß wir athmen müssen, sitzt in den Nerven.

Wozu geschieht nun dieses Athmen, dieses Ein- und Ausströmen der Luft in und aus unserm Körper? Was hat das für einen Zweck? Das geschieht aus folgenden Gründen. Erstens: Unsere Nerven bedürfen zu ihrer Ernährung des Sauerstoffes. Das Nervenleben sinkt, wenn die Zufuhr von arteriellem oder mit Sauerstoff geschwängertem Blute abnimmt. Es ist dieß auch die Todesursache beim Ersticken. Dieser Sauerstoff ist neben dem Stickstoff der hauptsächlichste Bestandtheil der Luft; durch das Athmen geht solcher Sauerstoff der Luft in das Blut über und aus dem Blut, das das flüssige Baumaterial des ganzen Körpers ist, in die Nerven. Zweitens: Das körperliche Leben ist ein beständiges Aufnehmen und Verarbeiten von Stoffen, aus denen der Körper gebildet ist, aber auch ein beständiges Abgeben der unnützen verbrauchten Stoffe. Man giebt auch ab, sonst würde man nach und nach durch das ewige Essen, ich weiß nicht was und wie groß; wir handeln nur, sind nur das Wasser im Brunnentrog; es fließt zu und ab. Das Blut führt dem Körper aus der Lunge, aus dem Darmkanal alles zu, was er braucht; nimmt aber auch alles Verbrauchte wieder in Empfang und sondert es aus, hauptsächlich durch die Absonderungsdrüsen, z. B. die Nieren. Einen Stoff besonders nimmt es auf, die Kohlensäure. Diese ist ein Gift, und so wie sie im Körper gebildet ist, muß sie fort. Diese Kohlensäure führt das Blut mit sich in die Lunge. Da tritt diese Kohlensäure in die Luft und aus der Luft tritt Sauerstoff in das Blut. Da geschieht dieser Austausch; ein Stoff, ein Gas macht dem andern Platz. Drittens: Aus dem Blut, in das viel Wasser kommt durch die Speisen und Getränke, wird wieder viel Wasser ausgeschieden; hauptsächlich durch die Nieren im Urin. Aber aus dem Blut wird auch Wasser ausgeschieden in den Lungen. In den Lungen tritt das Blut, in unzählige Canälchen vertheilt, an die Luft und diese Luft, die beständig frisch und trocken hinein kommt, nimmt nun solches Wasser in gasförmiger Gestalt auf und führt es hinaus. Daß wir solches Wasser aus dem Blut durch die Lungen ausathmen, kann man am besten im Winter sehen. In der Kälte wird dieses luftförmige Wasser verdichtet zu feinen Tröpfchen, zu Dampf; man sieht den Hauch, ja er gefriert sogar; er legt sich im Bart als Reif an. Wie das Blut und die Luft in der Lunge oder den Lungen, denn es sind eigentlich zwei Lungen oder doch zwei Lungenflügel, zusammenkommen, darüber müssen wir auch noch ein Wörtchen sagen. Die Lunge ist also eine unendlich fein verästelte Luftröhre; in tausend und aber tausend Canälchen, die in Bläschen enden, vertheilt sich die Luftröhre und kommt so die Luft überall in diese feinen und kleinen Oertchen, auf eine große Oberfläche hin. In diese Lunge fließt aus dem Körper das Blut, vertheilt sich ebenfalls unendlich fein um alle diese Canälchen und Bläschen der Lunge herum. Unmittelbar mit der Luft kommt es nicht zusammen; es flösse sonst aus der Lunge heraus. Das Blut ist von der Luft immer noch durch eine feine Haut geschieden; diese ist aber so fein, daß der Umtausch jener gasförmigen Stoffe, Kohlensäure und Sauerstoff, durch dieselbe hindurch geschieht. Das Blut, das aus dem Körper in die Lunge an die Luft fließt, wollen wir zum Schluß auch noch bemerken, heißt venöses Blut und ist schwärzlich; das Blut, das aus der Lunge wieder in den Körper zurückfließt und statt Kohlensäure Sauerstoff enthält, heißt arterielles Blut und ist röthlich. Das Pump- und Triebwerk, welches das Blut beständig im Kreise im Körper herum und so auch in die Lungen und aus den Lungen treibt, ist das Herz.

Wir haben dieß jetzt so ausführlich erörtert, um zu zeigen, wie wichtig es sei, daß man in diese Lunge, die ein so feines, künstliches Gewebe ist, keinen Staub durch die Luft einathme, der diese feinsten Canälchen und Bläschen verstopft und verderbt; wie man eine reine Luft einathmen solle, die den Sauerstoff, den man braucht, reichlich enthält und die Kohlensäure und überhaupt, was man ausgeathmet hat, nicht; wie aus der Luft alles in das Blut, in die Nerven, in das Leben, in die Seele eingeführt werde.

Wir brauchen, ein erwachsener Mensch, in der Stunde 190—200 Kubikfuß reine Luft; in der Stunde nehmen wir aus der Luft etwa 60 Kubikfuß Sauerstoff auf, und geben ungefähr gleichviel Kohlensäure ab. In einem verschlossenen Raum, in einem Zimmer wird also die Luft nach und nach unathembar; ihr Sauerstoff wird verzehrt; sie wird dagegen mit der für uns tödtlichen Kohlensäure angefüllt. Dieses Schlechtwerden der Luft wird dann noch vermehrt, wenn Lichter, namentlich Gasflammen im Zimmer brennen, die alle auch Sauerstoff verzehren, ebenso Pflanzen oder Thiere. Die Luft eines Zimmers wird um so schneller unathembar, als das Zimmer klein ist und um so mehr Menschen sich darin aufhalten. Es wird uns anfänglich unwohl, dann schlecht, dann zum Sterben schlecht, und daß man dann auch sterben kann, plötzlich sterben, ist eine oft vorgekommene Thatsache, der Erstickungen durch Verschüttung, Kohlen- oder anderes Gas gar nicht zu gedenken. Durch das Athmen, haben wir gesehen, geben wir nicht bloß Kohlensäure an die Luft ab, sondern auch Wasser. Athmen wir lange oder athmen viel Menschen in demselben Raume, so wird die Luft von diesen Wasserdünsten, die wir ausathmen, ganz voll, ganz wässerig, feucht. Dazu kommt natürlich noch die Wasserausdünstung auf unserer ganzen Oberfläche, auf der Haut. Es wird im Zimmer die Luft so feucht, es giebt so einen Dunst, daß das Wasser sich nicht selten verdichtet; es schlägt sich auf unserm Leibe als Schweiß nieder, an Oefen, Fenstern, überhaupt kalten glatten und harten Gegenständen als Tropfen. In solchem Dunst athmen wir nicht mehr leicht. Warum? Die Luft ist von Wasser ganz gesättigt; sie nimmt jetzt in der Lunge kein Wasser mehr aus dem Blute auf; diese Absonderung, die nöthig ist, wird gehemmt, und uns ist unwohl, schlecht, zum Sterben schlecht. Es wird einem ja oft schlecht in der Atmosphäre draußen, wenn die Luft feucht und warm ist; während man in einer kühlern trockenen Luft viel leichter athmet. In einem engen, geschlossenen Raume steht's nun mit der feuchten Luft noch viel schlimmer. Beim Athmen scheiden wir aber nicht bloß Kohlensäure und Wasser aus, sondern auch noch organische, thierische Stoffe, z. B. Schleim, Schüppchen, Häutchen und allerhand Abfälle, Schnapstrinker Schnapsgestank. Der Weingeist verdunstet nämlich in der Lunge aus dem Blut. Wenn wir die Luft in dem Zimmer nicht erneuern, so athmen wir natürlich alle diese Dinge, Kohlensäure, Wasser, Schüppchen, Schnapsgestank, und wenn Kranke, Abzehrende, Fiebrische im Zimmer sind, Alles, was sie ausathmen, wieder ein; denn die Luft dringt in den Körper, in die Lungen so ein, wie sie ist, gemischt, verunreinigt; man kann da nicht auslesen und scheiden. Diese Luft, was ich und andere und Kranke ausgeathmet haben, wieder athmen, das kann man nicht anders nennen, als im eignen und Anderer Mist sich wieder wälzen; gewaltsam wieder in den Körper, in's Innerste des Körpers, in's dünne flüssige Blut, in die Nerven, in die Seele hinein zwingen, was die Natur, die reine säuberliche Natur, die gern gesund und stark wäre, als ihr feindlich ausgestoßen hat.

Wir müssen die Luft in unsern Zimmern stets erneuern. Die mit Kohlensäure, Wasser, thierischen Stoffen erfüllte Luft muß weggeführt und sauerstoffreiche, trockene, reine Luft hinzugebracht werden.

Diese Erneuerung geschieht unwillkürlich, aber mangelhaft dadurch, daß wir beim Ein- und Ausgehen die Thüren öffnen, etwa einmal einer Neuigkeit wegen ein Fenster aufthun. Diese Erneuerung geschieht durch schlecht schließende Thüren und Fenster, durch Ritzen und Löcher in Thüren, Fenstern, Dielen, Böden, Wänden ꝛc. Ferner durch die Heizung von Oefen, wenn das Feuer im Zimmer angemacht wird; durch Kaminfeuerung. Diese Lufterneuerung reicht aber nicht aus; nur in dem Fall, wo Kaminfeuerung Statt findet und das Kamin offen bleibt, und auf weiten Gängen und Treppen reine Luft ist, mag sie hinreichen. Wir müssen also zu willkürlicher, absichtlicher Lufterneuerung schreiten. Wir öffnen deßhalb zu gewissen Zeiten und Stunden des Tages Thüren und Fenster gegen einander. Namentlich sollte man das alle Morgen thun und dann wieder nach dem Mittagessen, damit dieser Eßgeschmack und Dampf heraus kann, und am Abend, wenn in der Stube tüchtig geraucht wurde, die Kinder auf den Boden gebrünzelet haben, allerhand Volk aus- und eingegangen ist, und gar Schnaps getrunken wurde. Diese allerhand Dünste sollte man nicht über Nacht behalten wollen; sie sind freche Gäste. Am Morgen kannst du dann die Fenster öffnen, wie du willst; sie sprechen: Jetzt gehen wir erst nicht. Sie haben sich in's schwammige tannene Getäfel, in den Boden, in die Tapeten, in die Kleider eingenistet und du kriegst sie nicht mehr los. Man kann ja so, wenn man selber nicht raucht, seiner Frau den Tabakgestank aus andern Häusern an den Kleidern mitbringen. Die Schlafzimmer sollen gar viel gelüftet, die Kleider und namentlich das Bettzeug an die Luft gehängt werden. Der Mensch bleibt eine schöne Zeit im Bett. Auch der Gesundeste dünstet durch Haut und Lungen viel aus; vom Kranken wollen wir gar nicht reden. Dieser Schweiß- und Bettgeschmack, diese Gase, die wie Harz sich an das weiche Bettzeug, an die Federn hängen, sollten jeden Morgen an der Luft, und wenn die Sonne scheint, am Sonnenschein ausgetrieben werden. Kinder sollte man immer in frischgelüftetes Bettzeug legen, nicht in Bettzeug, das am Unterwind eiskalt geworden ist, in sonnenwarmes Bettzeug, das einen eigentlichen Duft bekommen hat, einen Duft, dem man es anspürt, daß der gesund sein und die Nerven und die Seele stärken müsse. Für Kranke ist eine gute Luft die halbe Arznei. Alte können viele Jahre länger leben, wenn sie sich täglich an der frischen Luft stärken lassen; das ist wie Veltliner für sie.

An dieser gewöhnlichen unwillkürlichen und willkürlichen Lufterneuerung durch Nitzen und Spalten, Fenster- und Thüröffnen genügt es aber meistens noch nicht. Wir müssen noch zu einer künstlichen, regelmäßigen Lufterneuerung schreiten, eine passende Ventilation in unsern Zimmern und Häusern anbringen. Das Haus muß regelmäßig athmen; nicht nur putschweise oder verdrückt etwa durch eine Thür- oder Fensterritze. Regelmäßig, in stätem Lauf muß frische Luft einströmen und die alte verbrauchte abdefilieren. Eine solche Ventilation erfinden, die überall anzubringen ist, nicht viel kostet, keine schädliche Zugluft erzeugt, nicht mehr Wärme entzieht, als sie gerade muß, das wäre für die Menschen ein sehr verdienstliches Werk, ein Capitalwerk. Wir beschränken uns hier, in der bestimmten Erwartung, daß das einst komme und ganz allgemein eingeführt werde und sich in jedem Hause als von selber verstehe, auf das Folgende. In jedem Zimmer, Keller, Küche, aber besonders Wohn- und Schlafzimmer, sollten wenigstens zwei einander gegenüberliegende Oeffnungen für die Luft sich befinden, auf der Fensterseite und auf der ihr, wie es sein soll, gegenüber liegenden Thürseite. Ob nun diese Oeffnungen in der Thüre und im Fenster oder neben denselben angebracht werden, das wird von den Umständen abhangen. Am gewöhnlichsten und einfachsten werden diese Oeffnungen in der Thüre und im Fenster sein, unten an der Thüre und oben in einer Ecke eines Fensters. Diese Oeffnungen müssen mit einem feinen Drahtgitter überzogen sein, damit keine schädliche Zugluft entsteht und nicht zu viel Wärme entzogen wird. Sie sollten nicht bloße Löcher sein, sondern Röhren, Canäle. Denn die Luft strömt durch eine Röhre besser als nur durch ein Loch. Man denke an die langen rothen Kamine bei vielen Fabriklokalen, die ganz unvernünftig hoch in den Himmel hinaufragen. Es entsteht eine Luftströmung in einem solchen Kamin, während der Rauch nur aus einem kurzen Rumpf von Kamin nicht heraus will. Wenn also unsere Oeffnung für die Zimmerluft, welche Oeffnung eine Klappe haben muß, damit sie gegebenen Falls geschlossen werden kann, durch die dicke Wand oben unter der Diele neben den Fenstern hindurchgeht oder gar schräg durch die Mauer hinauf weiter geführt wird, so ist das besser, als wenn die Oeffnung nur ein Loch durch die dünne Glasscheibe ist. Ebenso wenn die Oeffnung unten auf der Thürwand des Zimmers durch die Mauer geführt ist und nicht schon auf dem Hausgang mündet, sondern weiter ins Freie hinaus geht, es ist besser, als wenn die Oeffnung nur ein Loch in der Thüre ist. Ein Drittes, das zu beobachten ist. Diese beiden, oder wenn mehrere sind, diese mehrern Oeffnungen müssen nicht alle oben oder alle unten im Zimmer sein. Sie sollen in entgegengesetzter Lage sich befinden, daß der Luftstrom schräg, durch die Mitte, durch den eigentlichen Luftkörper hindurchgeht. Man fehlt in dieser Beziehung vielfach, z. B. in Kellern. Man meint, es sei gut genug, wenn oben auf beiden Seiten Oeffnungen seien. Das giebt aber noch keine gute Luftbewegung. Die Luft ist ungefähr was das Wasser. Wenn in einem großen viereckigen Wasserbehälter, der so groß ist wie ein Zimmer, oben an einer Seite ein Wässerlein, ein paar Brunnenröhren stark, hineingeleitet wird und auf der entgegengesetzten Seite fließt oben wieder so viel ab, so entsteht im Wasser nur eine oberflächliche Bewegung und Erneuerung. Die ganze Masse des Wassers bleibt ziemlich dieselbe, was sie war, unerneuert. Man sagt, der Rhein im Bodensee mache es so; er fahre durch den See durch und kümmere sich nicht viel um den See, der ihm da in die Quere gekommen. Soll eine rechte Lufterneuerung zu Stande kommen, so muß die einströmende Luft unten in's Zimmer eintreten, wenn die abgehende nach oben entweicht, oder umgekehrt. Natürlich, für größere Zimmer erfordert es größere und zahlreichere Oeffnungen. Unsere Zimmer sollten wir nicht unnöthigerweise durch Möbel verengen, nicht an allen Wänden und Ecken Vorsprünge, Schnitzwerk u. drgl. haben, um unsere Betten nicht schwere seidene Vorhänge haben, daß der arme Mann drin das Alpdrücken bekommt, weil er fast nicht schnaufen kann. Wir sollten uns immer vorstellen, die Luft sei ein Wasser, und das dürfe man nicht sich aufstauen lassen; dem müsse freier Durchgang verschafft werden, daß es beständig fortfluthen und immer frisch zu uns armen Fischen herzuströmen könne.

Auf die Lufterneuerung, auf gute regelmäßige Lüftung muß ein besonderes Augenmerk gerichtet werden in neuen Häusern und in alten Häusern, die beständig feucht sind. Eine feuchte Wohnung ist ein gefährlicher Feind. Wir haben schon gesehen, wie die so nöthige Ausscheidung des Wassers aus dem Blute durch die Lunge mangelhaft geschehe in feuchter, schon Wasser enthaltender Luft, und wie es uns deßhalb schlecht sei und wie natürlich darunter die Gesundheit, das Leben leide. Dieser Feuchtigkeit der Wohnungen kann auf keiner Weise besser entgegengearbeitet werden, diese Feuchtigkeit kann auf keine Weise noch am meisten unschädlich gemacht werden, als wenn fleißig, als wenn beständig frische trockene Luft herbei geführt wird.

Soll nun aber unser unabsichtliches, absichtliches und gar künstliches Lüften unserer Zimmer seinen Zweck erreichen, so sind zweierlei Dinge erforderlich. Erstens muß die Luft auf Gängen und Treppen und zweitens auch außerhalb des Hauses rein und gesund sein. Die Hausgänge und Treppen sind die Luftkanäle, eine Art Luftröhre für das Haus; durch sie strömt die Luft in die Zimmer und aus den Zimmern; oben öffnen sie sich in's Dach, unten durch die Thüre auf die Straße. Diese Luft auf Gängen und Treppen muß frisch sein; wenn vom Abtritte, aus Kellern, Küchen, Speisekammern nur verpestete Luft weht, hilft das Oeffnen der Zimmerthüre und selbst das Drahtgitter in der Thüre nichts. Aber auch die Luft außerhalb des Hauses muß rein sein. Wenn unter meinem Fenster ein Misthaufen, eine Abtrittgrube, eine Gerberei ist, oder alte Schuhe zu Salmiak destilliert werden, so hilft mein Fensteröffnen nichts. Da wäre es dann besser, statt auf eine Ventilation zu sinnen, darüber zu studieren: Wie mag ein Haus am besten luftdicht verschlossen werden, so, daß der Eigenthümer drin doch nicht erstickt. Hier muß denn die Gemeinde, der Staat nachhelfen. Das Dorf, die Stadt muß dafür sorgen, daß durch weite Gassen frische Luft strömen kann, daß gewisse Lokale, gewisse Geschäfte nicht in der Nähe der Wohnungen sein dürfen. Der Staat hat dazu das Recht und die Pflicht. So gut er Pulvermagazine in der Nähe der Wohnungen nicht duldet, kann er auch andere, dem Leben der Bürger gefährliche Dinge fern halten. Ja es fragt sich, ob es nicht besser wäre, es spränge alle hundert Jahre ein Pulvermagazin in die Luft, statt daß langsam und schleichend alle Tage Hunderte und Tausende dahin serbeln. Aber so ist's. Man sieht nur auf's Kopfabhauen und in die Luft springen. Das langsame, viel schmählichere und sicherere Hinsterben und Hinmorden beachtet man nicht; es kracht eben nicht und blutet nicht. Es nimmt nur so allmälig ab; man kann dabei doch hübsch still in Ruhe bleiben. Der Staat hat das Recht und die Pflicht gewisse Forderungen der Reinlichkeit zu stellen, das Ueberfüllen der Wohnungen, das Durcheinanderleben der Geschlechter zu verbieten. Wer als Eigenthümer schlecht wohnen will, der hat dazu das Recht; aber sobald er der Umgebung Schaden oder Gefahr bringt, so klopfe man ihm auf die Finger. Wer Häuser vermiethet, der tritt damit in die Reihe der Kaufleute und Spekulanten. Wie man bei Lebensmittelhändlern eine gewisse Garantie fordert, unreife Früchte wegnimmt, verfälschte giftige Getränke ausschüttet und den Verkäufer noch obendrein bestraft, so ist auch der Häuservermiether einer Controlle zu unterwerfen. Warum soll der Menschen massenweise in schlechte ungesunde Winkel zusammen pfropfen dürfen? Warum soll der mit machtlosen, wehrlosen armen Leuten, die gezwungen sind, verfahren dürfen wie mit der elendesten gemeinsten Waare! Wenn Metzger Kälber auf die Wagen unmenschlich zusammen laden, so verachtet oder straft man sie. Es werden oft Menschen nicht besser zusammengepackt; denn was die Kälber eine kurze Zeit lang schlechter dran sind, muß dagegen der arme Mensch Tag und Nacht, Jahre lang in seiner ungesunden Wohnung sein. Der Staat sieht bis jetzt an vielen Orten in den Häusern nur darauf nach, ob Feuersgefahr vorhanden sei. Man sollte die Häuser auch darauf ansehen, ob Lebensgefahr vorhanden sei. Und wenn man auch im Anfang nur einschreiten könnte, wo in flagranter Weise gesündigt wird, und in den meisten Fällen nur rathen und ermuntern: es würde nach und nach schon besser kommen. Für das, was unsere Haut berührt, unser Leben, sind wir ziemlich empfänglich. Da nähmen wir gute Lehre besser an, als wenn man etwa einen Radikalen conservativ und umgekehrt machen wollte. In England besteht eine Parlamentsakte, von der wir bereits gesprochen haben. Die belgische Regierung giebt denen Prämien, welche die reinlichsten und am besten besorgten Häuser haben. In Rotterdam besteht eine Gemeindeverordnung, nach welcher es geradezu verboten ist, ungesunde Häuser zu bewohnen. Die dänische Gesetzgebung bestimmt, wie viel Zimmer auf's wenigste ein lediger und wie viel ein verheiratheter Arbeiter haben müsse; sie bestimmt das Verhältniß zwischen dem das Haus umgebenden Platz und dem Platz, auf welchem das Haus steht, die Höhe der einzelnen Theile, den Zeitpunkt, innerhalb dessen ein neues Haus bezogen werden darf. *)

In Bezug auf die Luft, dieses wichtigste Stück in unsern Wohnungen, ist nur eins schade, daß die verschiedenen Stoffe und Gase, die in engen Wohnungen und Gassen, über Abtritten, offenen Gossen, um Ställe herum vorhanden sind, nicht jedes eine Farbe und zwar eine besondere Farbe haben. Wir würden sehen oder richtiger nicht sehen (denn manchmal sähe man gewiß keine Hand vor sich), was wir für saubere Geschichten in unsern Leib, und zwar nicht etwa nur so in den Vorhof des Leibes aufnehmen, in den Mund, wo man's wieder ausspucken kann, wenn es einen nicht gut dünkt, sondern ins Innerste des Leibes, in die Lunge, in das dünne, flüssige Blut, in die Nerven, in das Gehirn. Aber freilich, die vielen Krankheiten, die tausend und aber tausend Leiden und Schwächezustände sind auch nicht umsonst da. Sie haben eben auch ihre Ursachen. Kein Wunder, daß wir manchmal nicht essen mögen, wenn so schwere Dünste und Gase, so viel Gestank in uns eingeht. Kein Wunder, daß wir oft so trübselige Gedanken haben, wenn wir so mit Schmutz und Unrath den stinkenden Docht der erlöschenden Lampe speisen, statt daß wir frisches, reines Oel aufgießen sollten. Die Luft hat einen unendlichen Einfluß auf unser Leben. Man kann ja sterben in geschlossenen Räumen; es kann einem zum Sterben schlecht werden in einem Zimmer, wo viel Menschen beisammen sind und Niemand ein Fensterchen

---

*) Verhandl. der schweiz. gemeinnütz. Gesellschaft vom J. 1857. Bericht von Lochmann.

aufmacht. Ein einfältiges Kerzenlicht brennt nicht in solcher Luft, und unser Lebenslicht, das noch viel feiner und zarter ist, das sollte denn brennen und gar fröhlich flackern in einer so armen erbärmlichen Luft! Ein deutscher Dichter hat gerufen, und zwar denke ich, nicht nur für sich, sondern für's Allgemeine, für's Volk: „Platz, ihr Herrn, dem Flügelschlag einer freien Seele!" Das ist ganz recht; aber vorher sollten wir doch etwas Luft wollen zum Schnaufen, etwas Luft für's arme leibliche Leben. Das Flügeln kommt dann noch nicht von selbst; ein freier Mann sind wir dann noch nicht ohne weiteres; aber es ist ihm mächtig vorgearbeitet. Umgekehrt, so lange wir nicht stark und gesund sind, ist das Flügeln ein leeres Ding.

7. **Temperatur.** Draußen in der Natur findet ein großer, oft plötzlicher Temperaturwechsel statt. Es kann von einem Tag auf den andern bei 10 Graden antreffen. Die Wohnung soll uns vor diesem heftigen Wechsel etwas schützen; sie soll eine Ausgleicherin sein. Draußen ist es oft sehr kalt. Wir brauchen aber zu unserm Wohlbefinden eine gewisse Wärme. Nur in dieser gehen Blutumlauf, Ausdünstung, die Thätigkeiten des Nervensystems in gehöriger Weise vor sich. Ganz besonders gilt dieß für Kinder, alte Leute, Schwächliche und solche, die eine sitzende Lebensweise führen. Aber auch unser geistiges Leben will eine gewisse Wärme haben. Wenn uns friert, giebt es keine lebhaften Gespräche; die Gedanken wollen nicht von einander; es fließt nicht. Man probiere es nur, mit Freunden in einer kalten Stube zusammen zu sitzen, was das für eine prächtige Unterhaltung und einen schönen Abend geben wird. Daß man Gott dankt, wenn's aus ist und man in's Bett kann und die kalte Nase unter die Decke verbergen, bis sie wieder entfriert. Unser Körper hat nun eigene Wärme. Durch das Athmen und andere Vorgänge in unserm Innern erzeugen wir solche Wärme. Auf der einen Seite können wir nun so ziemlich unsere Eigenwärme auf der gleichen Stufe behaupten, ob Kälte oder Wärme von außen auf uns einwirke, ob es Sommer oder Winter sei, ob wir in der heißen oder kalten Zone leben. Auf der andern Seite hat aber unser Körper mit allen andern Körpern auch die Eigenschaft gemein, seine Eigenwärme mit der

Temperatur der ihn zunächst umgebenden Dinge, z. B. Luft und Wasser, auszugleichen, sobald ein Unterschied in der Wärme zwischen ihm und diesen Dingen stattfindet, also je nach Umständen in seiner Wärme zuzunehmen oder davon abzugeben. Wie wir der größern Wärme draußen gegenüber uns zu helfen haben, das wollen wir in der Schweiz nicht erörtern; darüber mögen sie in heißern Ländern Preisaufgaben lösen. Wir haben uns meistens nur gegen die Kälte zu schützen, und sagen also nur hierüber etwas. Eine wärmere Temperatur bringen wir schon durch die bloße Wohnung zu Stande, dadurch daß sie vor dem Winde uns schützt, eine stille Luft uns verschafft, dadurch daß sie ein umschlossener Raum ist, in dem wir mit unsern 30 Graden Eigenwärme uns befinden; wir sind der nächste und erste Ofen des Zimmers. Wir verschaffen uns aber die wärmere Temperatur hauptsächlich durch die künstliche Heizung. Wir zünden ein offenes Feuer im Zimmer auf einem Heerde an, sei denn ein besonderer Rauchfang, ein Kamin, oder müsse der Rauch wie in Alphütten und noch andern Häusern oben unter allen Schindeln oder Ziegeln oder durchs Stroh hinaus durch. Das ist wohl die erste und einfachste Heizungsmethode. Oder wir erwärmen Oefen oder Röhren von Eisen, Thon, Schiefer, Fayence ꝛc. durch Feuer oder heißen Wasserdampf; wir haben diese Oefen und Röhren entweder unmittelbar im Zimmer oder an einem andern Orte, in einem Vorzimmer oder Kellerraum und leiten nur die heiße Luft in das Zimmer. Bei der Heizung sind folgende Umstände zu beachten. Erstens muß das Brennmaterial so vollständig als möglich verbrennen, und dieß geschieht durch gehörigen Zutritt der Luft d. h. durch den aus der Luft hinzutretenden Sauerstoff. Dieser gehörige Zutritt der Luft wird erzielt durch eine gute Construction der Oefen. Zweitens: Bei der Verbrennung, namentlich bei mangelhafter Einrichtung entwickeln sich gewisse Gase, hauptsächlich Kohlensäure, Kohlendunst, Rauch, Wasserdampf, lauter Dinge, die zum Athmen nichts taugen, ja die in größerer Menge dem Menschen den Tod bringen, wie die häufigen Erstickungsfälle durch Kohlendampf hinlänglich beweisen. Diese Stoffe müssen nun alle durch den Rauchfang gut abgeleitet werden;

die Oefen und Röhren sollen gut schließen; verschließen soll man den Ofen, namentlich wenn der Feuermund im Zimmer sich befindet, nicht bevor alles darin gut verbrannt ist, wovon man sich durch mehrmaliges Durchstechen der Gluthaufen überzeugen muß und besonders durch das weiße Schäumchen, die Asche, die sich über die Glut zu legen anfängt. Drittens: Das Zimmer muß überall gleichmäßig erwärmt werden. Vollständig geschieht dieß niemals; die Luft am Boden ist immer kälter als die Luft oben unter der Diele, namentlich in großen und hohen Zimmern. In Sälen kann es einen Unterschied von 16—20 Graden geben. Das Beste ist hier: stelle den Ofen nicht ganz in eine Ecke, als sei der ein ganz überflüssiges Möbel; stelle ihn mitten an eine hintere Wand. Sodann habe einen vernünftigen Ofen, d. h. einen der Größe des Zimmers entsprechenden Ofen. Besser ein großer Ofen mäßig erwärmt, als so ein kleiner Spritzer, ein Monument oder ein eisernes Ding zum Verspringen heiß gemacht. Ein eiserner Ofen, der zu heiß, fast roth gemacht werden muß, bis er die lange Geschichte von Zimmer etwas erwärmt, trocknet die Luft zu sehr aus, nimmt ihr den in einem gewissen Maße auch nöthigen Wassergehalt; macht sie elektrisch, zersetzt organische Stoffe, die in der Luft sind, kann Schwefel und andere Stoffe in dampfförmiger Gestalt abgeben; kurz, taugt nichts. Ein vernünftiger, mäßig großer Kachelofen geht über alle neuern und neuesten Narrenöfen, gerade wie guter ehrlicher Kuhmist bis jetzt noch von keinem Dungmittel aus der Apotheke übertroffen worden ist. Der Kälte am Boden kann man etwas entgegenwirken durch Strohmatten oder, wer's vermag, durch wollene Teppiche. Viertens: Durch die Heizung soll nicht bloß keine Luftverderbniß entstehen — gar oft entsteht aber diese Luftverderbniß —, sondern es soll eine Verbesserung der Luft zu Stande kommen. Durch die Heizung entsteht im Zimmer eine Luftströmung. Zimmerluft, verbrauchte Zimmerluft strömt dem Feuer zu, wenn dieß in einem offenen Kamin oder in einem Ofen ist, dessen Mund in's Zimmer geht. In diesem Fall muß dann aber für Zufuhr von neuer Luft von außen gesorgt werden. Ist das Feuer selber nicht im Zimmer, sondern nur der erwärmte Gegenstand, der Ofen oder die Röhren, so entsteht ein Durcheinanderwogen der Luftarten, ein Auf- und Abströmen, ein Ausgleichen. Aber auch hier muß für frische Luft von außen gesorgt werden.

Wie ein Kunstheerd für die Erwärmung der Küche sorgt, wie durch das Schließen des offenen Rauchfanges, wenn nicht gekocht und gebraten wird, schöne Wärme für die Küche gewonnen werden kann, wollen wir nicht weitläufig erörtern.

Eine reine warme Zimmerluft darf wohl verwendet werden, um ein kaltes Nebenzimmer etwas zu erschrecken. Aber wie's oft geschieht, daß man den Dampf einer dichtgefüllten Stube, etwa einer Schenke, drin tüchtig Branntwein getrunken, auf den Tisch geschlagen und geraucht wird, dazu verwendet, das Schlafzimmer der gnädigen Herrschaft zu erwärmen, ist vom Schlimmern. Kuhstallwärme mag gut sein für Auszehrende, für Gesunde taugt sie nicht.

8. Reinlichkeit. Frische reine Luft aus der schönen Gotteswelt in unsere Häuser einströmen lassen, ist ein Hauptstück. Aber alles ist damit noch nicht gethan. Wir müssen diese Luft nun auch nicht verderben in unsern Häusern durch Unreinlichkeit. Sie wird aber verderbt einmal auf mechanischem, trockenem Wege durch Staub. Gebt nur Acht, wenn ein Zimmer nicht fleißig gekehrt wird oder staubige Arbeit drin geschieht, wenn die Sonne scheint, wie das ein Schwimmen und Schwärmen von diesem Staub ist. Das athmen wir dann alles ein. Eine Portion legt sich zwar um den Mund herum, daß wir eine rechte Rinde um denselben bekommen; eine andere Portion sammelt sich an den innern Wandungen der Nase, daß es beim Schneuzen ist, wie wenn man den Kaminfeger im Kamin hätte: man schneuzt ganz schwarz. Eine Portion legt sich aber auch an die Luftröhre und an die Lungen, verstopft und verderbt diese kleinen, feinen, engen Luftwege, Röhrchen und Bläschen. Das muß dann wieder ausgehustet werden, erzeugt Verstopfungen und Verderbnisse aller Art. Wahrlich, die vielen Lungenkrankheiten und -Beschwerden sind nicht umsonst da; es hat alles seine Ursache. Der Staub ist aber auch sonst nicht immer ein appetitliches Ding. Wenn's immer noch Staub wäre von guter reiner Ackererde, oder von Baumwolle, die doch an schönen

Bäumen und Gesträuchern gewachsen, so wäre das noch etwas Appetitliches. Aber so unschuldig ist der Staub nicht immer. Es ist manchmal trockener Speichel, Auswurf von Gesunden und Kranken, was man aus der Nase schneuzt und auf den Boden wirft; denn viele halten das für reinlicher als wenn man's in die Tasche steckt; Abfälle von den Schuhen, wenn man aus dem Roßstall, Kuhstall kommt; was man aus nahen Fabriken an den Füßen und Kleidern mitträgt; wenn Kinder auf den Boden pissen. Wenn das alles auf dem Boden zusammen= pappt, bei trockner heißer Witterung aufgerieben, gut durch= einander gemengt und aufgewühlt wird, so giebt das keinen besonders appetitlichen Staub. Man sollte fleißig kehren, und nicht bloß unlieblich, trocken mit einem Besen durch die Stube stürmen, daß man am Ende den Koth am Boden nur nach oben, an Wände und Dielen treibt, und der ganze Profit nur in einer veränderten Lage des Staubes beruht, sondern mit schwach angefeuchtetem Sägemehl die Stube kehren, mit feuchten Lappen sie abreiben. So bringt man etwas positiv weg. Der Staub geht mit dem feuchten Sägmehl auf den Composthaufen, aus den Lappen wird er in's fließende Wasser ausgespühlt.

Die Luft in den Zimmern und Häusern wird aber auch verderbt auf dem chemischen, nassen und feuchten Wege, durch die Ausdünstung der Unreinlichkeit. Koth und dergleichen Dinge verhalten sich eben nicht passiv; das regt sich alles; das ver= ändert sich, dünstet aus, verwandelt sich in Gase, in luftförmige Stoffe, besonders im Sommer oder im Winter bei künstlicher Wärme und wenn noch etwas Feuchtes hinzutritt. Wenn so in einer unlieblichen Bauern= oder Proletarierstube der Boden jahrelang nie gewaschen wird, die Wände nie geweißt, das Getäfel nie gereinigt, Stühle und Bänke, Thüren und Schlösser die jahrealten Fettflecken vom Anpacken behalten; wenn schmu= tzige Kleider herumliegen, Kindszeug, nasse Ueberstrümpfe um den Ofen herum hangen, wahrlich da muß man sich nicht wun= dern, wenn es trotz der schönen Luft von draußen doch immer stinkt. Der harzige, schwarze Ueberzug, dieser Filz, dieses Pech auf dem Boden muß gründlich weggewaschen werden; die Mauern müssen nicht übertüncht werden, daß man die Tünche auf den schmutzigen stinkenden Grund — wenn das nämlich angeht, aber faulen Maurern geht viel an — schmiert, sondern die Wand muß man vorher abreiben und abwaschen. Die Fenster müssen fleißig gereinigt, gebrochene Scheiben nicht mit Papier oder Lumpen geflickt werden. Aus der Küche sind alle Abfälle fleißig zu entfernen; keine verborgenen Kothwinkel zu dulden. Das Abwasser aus der Küche muß durch den Gußstein in den Abtritt geleitet werden, daß keine zu starke Masse entstehe und der Abtritt fleißig geleert werden muß und besser gereinigt werden kann. Auf dem Abtritt muß die größte Reinlichkeit herrschen. Es ist merkwürdig: in seinen Kleidern nähme man sich in Acht, auf jeden beliebigen Ort abzusitzen; mit dem Körper scheut man sich nicht patsch auf die schmutzigsten Sitze sich abzusetzen! Aber so ist's: wenn man nur außen ein hübsches Kleid hat, ob's dann drunter stinkend und räudig sei, das schadet nichts; das ist ja nur an der Haut, nur am Fleisch. Die Reinlichkeit muß einen ganz andern Weg gehen. Am reinsten muß es auf unserer Haut sein und dann auf der Leibwäsche und drittens erst an unsern äußern Kleidern. Der Ueberrock darf ziemlich fadenscheinig und geflickt sein; nach innen zu soll es gut sein, und immer besser und am besten freilich noch im Herzen!

Wie in dem Hause, so muß auch um das Haus herum Reinlichkeit herrschen. Faulende, gährende Stoffe müssen fern von der Wohnung gehalten werden. Wie das einzelne Haus, so soll die Gemeinde, die Stadt reinlich und sauber sein, keine verborgenen Winkel, keine unreinlichen Orte haben. Reichliche Wasserzufuhr in zahlreichen Canälen sollte alles Unsaubere wegfegen. Wie die Luft durch die Straßen, so sollte in kleinern und größern Canälen Wasser hinter den Häusern vorbeifließen. Prächtige öffentliche Gebäude sind nur schön, wenn die Stadt, wenn das Dorf bis in den entferntesten Winkel durchforscht und durchläutert ist. So lange es noch stinkt in den Gassen, ist alle Pracht nur das seidene Kleid auf dem schmutzigen Abtritt.

Mit der Unreinlichkeit beginnt der Zerfall unserer Wohnungen. Wenn man einmal in diesen Schmutz hinein gerathen ist, läßt man alles liegen; man ergiebt sich, man resignirt. Die

Wände faulen, der Boden sinkt ein, das Dach rinnt. Man
stellt etwa einen Kübel unter, stößt ein Brett hinein, stützt
liederlich eine sinkende Wand. Aber an eine durchgreifende
ernste nachhaltige Verbesserung denkt man nicht. Man geht in
einer solchen Wohnung unter. Umgekehrt sind Ordnung und
Reinlichkeit der Anfang zum Bessern. Wenn wir anfangen
aufzuräumen, so werden wir uns auch an die Wohnung, an
das Häuschen selber machen. Wir lassen die zerbrochenen Scheiben wieder herstellen; den eingesunkenen Boden nehmen wir
wieder in's Blei; das Dach wird regelmäßig ausgebessert; die
Schlösser an Thüren und Kasten fest oder neu gemacht. Wir
nehmen das ganze Häuschen in Angriff. Wir haben können
durch den Schmutz und die Unordnung, in die wir uns er-
geben hatten, durchdringen; es taget.

VI.

Hier könnten wir nun schließen. Die Sonne scheint in
unser Häuschen; es steht auf grünem oder saubern Grunde;
ein paar Blumentöpfe sind vor den Fenstern. Gottes reine
Luft weht durch unsere Zimmer. Alles ist rein; die Scheiben
hell wie Wasser, Umhänge dran weiß wie Schnee; Tische und
Stühle sauber in dem weißen Holze, daß man es mit der Hand
greifen kann, daß das gesund sein müsse. So kommt auch
wieder Freude und Lebensmuth. Man wird sparsamer, haus-
hälterischer; bleibt lieber bei Hause; man denkt an Pflege des
geistigen Lebens; geht wieder lieber zur Kirche und an die
Gemeindeversammlung; schickt seine Kinder zur Schule; hat
Freude, wenn sie etwas lernen; lernt selber mit ihnen; in einer
armen dunkeln Wohnung mag man kein Büchlein in die Hand
nehmen. Ja so ist es. Die Wohnung, eine gesunde freundliche
Wohnung arbeitet dem sittlichen, häuslichen, vaterländischen
Leben mächtig vor. Aber Sittlichkeit schon ist die Gesundheit
noch nicht. Zum Sonnenlicht, zur reinen Luft, zu den hellen
Fenstern müssen wir noch etwas hinzunehmen. Bei diesem reinen
Sonnenlicht und dieser schönen Luft müssen wir noch sprechen

„Deine Rechte sind mein Lied in dem Hause meiner Wallfahrt!"*)

Dem geistigen Leben ist mächtig vorgearbeitet durch ein gesundes leibliches Leben. Aber leibliche Gesundheit ist noch nicht geistiges Leben. Geist muß an Geist entzündet werden. Das sittliche Leben muß gelernt, errungen und erkämpft werden an sittlichen Gütern, am höchsten sittlichen Gute. An das, was „wahrhaftig, ehrbar, gerecht, keusch, lieblich ist, was wohl lautet, etwa eine Tugend, etwa ein Lob ist", müssen wir eigens denken; das müssen wir thun, darin uns eigens üben. Gesundes Leben ist noch nicht Vaterlandsliebe. Vaterlandsliebe müssen wir lernen. Wir müssen das schöne Vaterland, seine Berge, seine Thäler, seine Seen, seinen Rhein anschauen, seine großen Thaten hören, seine schönen Feste feiern, mit den Brüdern zusammen kommen, seine Sitten, seine Bräuche halten. „Deine Rechte sind mein Lied in dem Hause meiner Wallfahrt!" Das müssen wir unserm Hause als Eck- und Schlußstein einsetzen. Wir sind nur Wallfahrer, kehren nur auf kurze Stunden ein. Deine Rechte, deine Sonne, deine Luft, deine schönen Weiten, aber auch deine Liebe, deine Treue, „Liebe, Freude, Frieden, Geduld, Freundlichkeit, Gütigkeit, Glauben, Sanftmuth, Keuschheit" sind mein Lied in dem Hause meiner Wallfahrt! Mein Lied! nicht bloß mein trockenes Bekenntniß, mein ernsthaftes düsteres Leben; nein, meine Freude, meine Wonne, meine Seligkeit!

So wohnen wir gesund, so ist uns wohl, so geht es uns gut. „Der Gerechtigkeit Frucht wird Friede sein, und der Gerechtigkeit Nutzen wird ewige Stille und Sicherheit sein, daß mein Volk in Häusern des Friedens wohnen wird, in sichern Wohnungen und in stolzer Ruhe." „Wohl dem, der den Herrn fürchtet, und auf seinen Wegen gehet. Du wirst dich nähren deiner Hände Arbeit; wohl dir, du hast es gut. Dein Weib wird sein wie ein fruchtbarer Weinstock um dein Haus herum, deine Kinder wie die Oelzweige um deinen Tisch her. Siehe, also wird gesegnet der Mann, der den Herrn fürchtet."

---

*) Ps. 119, 54.